日本縣民性學問大

祖父江孝男

文化人類學家的47都道府縣性格大調查

北海道・東北地方的性格診斷

關東地方的性格診斷

北陸地方的性格診斷

中部地方的性格診斷

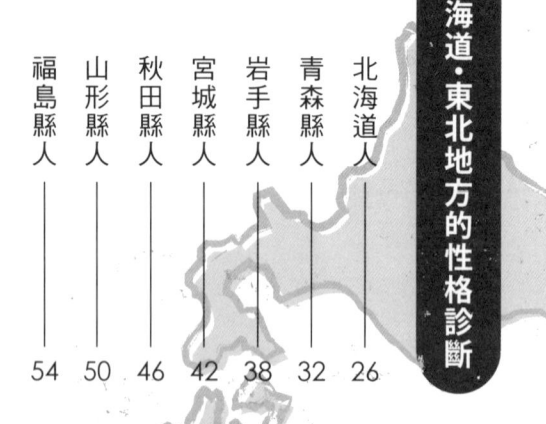

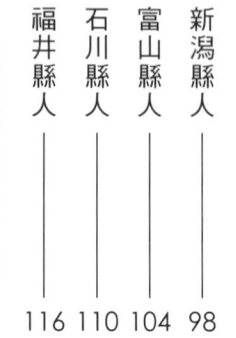

近畿地方的性格診斷

中國地方的性格診斷

四國地方的性格診斷

九州地方的性格診斷

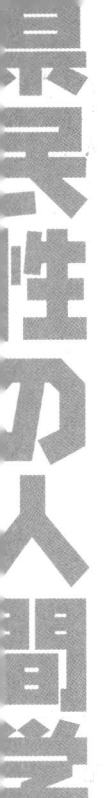

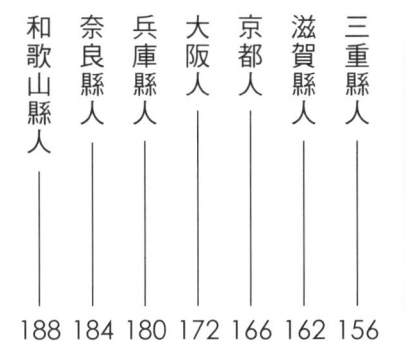

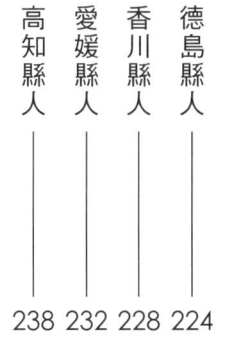

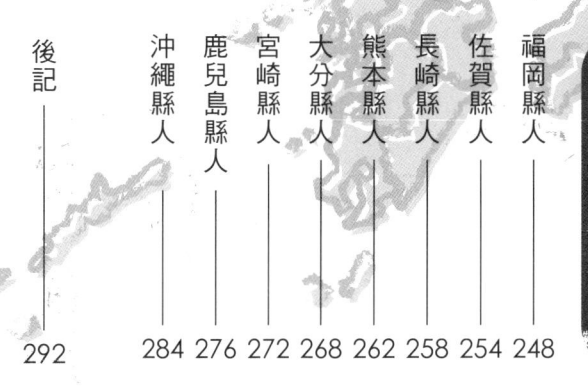

不要用「東西」，除非在括號中

太多"被"

序言　縣民性確實存在！

為何對縣民性有興趣呢？

日本近日開始流行起「自分史」[1]一詞，而所謂的「自分史」，就是指自己自身的生命歷程，亦即「從小到大的成長記錄」。似乎是因某出版社在各大報章雜誌上刊載了「想不想試著出版你的自分史？」的廣告，才迅速引起大家的關注，我身邊和我同年齡層的人，便有好幾位出版了這樣的自分史。NHK每週日下午播送的熱門節目《您好，這裡是Studio Park》以訪問知名藝人為主軸，而其最大的賣點之一，就是整理了該受訪人物從小到大的成長記錄。透過這樣的生命歷程介紹，回溯至幼年時期、甚至是上一代，這時必定會浮現對故鄉或出生成長之地的回憶。而現身於該回憶中的，當然就是與那片土地緊密生活在一起的人們。

1 日文的「自分」就是「自己」之意。

這時候我想到了「縣民性」，並對它產生興趣。我開始尋根，想找出自己來自哪個縣。我認為各個地方縣市應該都有著長久傳承下來的特有氣質，而這或許也反映在我自己的性格上，也就是所謂的「〇〇人氣質」。

不過也隨之浮現一個疑問，這種東西真實存在嗎？

縣民性真的存在嗎？

對於初次見面的人，我們會自然地問到「你是哪裡人？」雖然沒什麼明確的理由，但不知為何，一旦知道其出身縣，有些事就會變得相當合理。

大家都知道日本是個小小的島國。就算沖繩和北海道的自然環境確實大不相同，但在交通網路完備、媒體通訊如此發達的現代，來自哪個縣到底還具有多大意義？想來還真是不可思議。

即使如此，當我們一旦知道對方來自哪個縣，似乎還真的能看出某些以往看不見的東西。

例如光是聽到對方來自東北，就會產生「沉默寡言」、「保守」、「內向」或「很能忍」的印象；而一聽說是九州來的，則會浮現「熱情」、「開朗」、「外向」、「剛健純樸」的感覺。

當然這時心中也會大大地懷疑起「他的性格是否真的就如這些傳統印象？」所以說縣民性這種東西，到底有幾分可信度？

認真想想，這疑問其實就相當於「縣民性是否真實存在？」來自青森縣的人不見得各個都沉默寡言又內向，一定也有人是健談且外向活潑的。同樣道理，來自鹿兒島縣的人應該也有陰鬱沉悶的類型才是。所以，用刻板印象來斷定對方性格可說是極其危險。

雖有程度差異，但縣民性確實存在

為了避免誤會，讓我一開始就先表明清楚，所謂的縣民性，應該多半都屬於刻板印象。正如前述，東北人被認為陰沉內向，九州人則是熱情開朗，這些其實都是拜刻板印象所賜。亦即將東北和九州在風土氣候上給人的印象，直接對應到了性格上。

若是以這種印象來解讀其他縣的人們，就會變得只看得見對方性格中的某一部分。一心認為青森縣人都沉默寡言的話，初次見面時光是聽到對方來自青森縣，就會擅自斷定「這個人真是沉默寡言啊」。

不過觀察各種統計資料所顯示出的數據，以及全由特定地區的人所組成之群體後，往往還是會讓人覺得縣民性的的確確是存在的。

事實上，幾乎每個縣都確實存在有如最大公約數般的性格特徵。雖然有的縣特徵明顯，有的則是不那麼明確，但多數案例都令人不得不承認它確實存在。

那麼，在這狹小的日本裡，到底為何會產生出不同的縣民性呢？

創造出縣民性的是風土與歷史

說到群馬縣，就會想到「女人當家吹旱風」的諺語。姑且不論這是否為其縣民性的真實面貌，我想討論的是風土及歷史與縣民性之間的關聯。

群馬縣（上州）自古以來就是養蠶與紡織業興盛之地，而這有其風土上的緣由。群馬縣的土地絕大部分都是山坡地，在一年中有近乎一半時間吹旱風[2]的氣候條件下，自然只能以耕種旱田為主。但在過去交通沒那麼發達的時代，光種麥子和蔬菜是很難過日子的，必須種些經濟作物或做點家庭手工才行。好在桑樹很適合生長在寒冷的地方，於是便發展出了蓬勃的養蠶與紡織業。

不論養蠶還是織布，作業都是以女人為主，這導致女性的經濟能力及發言權高漲。所謂的「女人當家」就是由此而生。換言之，旱風與女人當家兩者密切相關，正是風土對縣民性有很大影響的一個好例子。

若要再舉出一個上州名產，那肯定就是「黑道」了。畢竟這是孕育出國定忠治及大前田英五郎等日本歷史上知名俠客的地區。

上州過去是中仙道、三國街道等通過的交通要地，宿場[3]發達，旅人群聚。由於賺錢營生之事主要交給女人，所以男人往往好玩成性。賭博盛行之後，黑道也就多了起來。時至今日，群馬縣仍存在許多賭博場所，也是全日本數一數二的柏青哥王國。看來由一地風土歷經長年歲月所培育出的縣民性，可不是那麼容易就消失的。

有些縣民性是裝出來的

有句話說「江戶子總是財不過夜」，既然是慷慨大方的「江戶子」（東京人），怎可能留下

2 從山上沿山坡向下吹、乾燥不帶水氣的風。類似焚風。

3 相當於古代的驛站或現代的高速公路休息站、服務區，供往來的旅人暫時休息、住宿。

什麼錢，這有時是一擲千金的嘴上逞能，但很多時候卻也反過來束縛了江戶子的行為。

我自己便是出生於東京下町[4]。回想小時候，我周圍就有不少以身為江戶子為傲的職人，他們的確很是闊氣，但那只是在人前的樣子，在沒人看到的時候應該都很小氣。

也就是說，江戶子只是在周圍有人注目的情況下裝出「大家所期待的形象」，為了不負「江戶子」之名，展現出慷慨大方的一面罷了。

而在現代也有類似的例子。鹿兒島的「薩摩隼人」[5]得要裝得很有男子氣概，北海道的「道產子」則必須表現得坦蕩豁達。想必各縣的縣民們往往都會配合著諸如此類的既定印象來行動。

縣民性確實是一種刻板印象，而且我想這不僅在外人眼中如此，就連內部的人也有不少配合演出的情況。

有些縣民性已成泡影

大家既定印象中的縣民性，有些屬於真實面貌，也有些只是假象。又或者在過去曾真實存在，但今日卻已成為泡影。

例如長野縣至今仍擺脫不了「教育縣」的形象。不論是江戶時代的寺子屋[6]數量，還是明治時代以後的小學就學率，長野縣都是日本全國第一。其教育縣之稱便是由此而來，只可惜今日已成泡影，現在的長野縣就連大學入學率都遠低於全國平均。

那麼北海道又是如何呢？拓荒精神的「Frontier Spirit」是否還存留於道產子的血液之中？其建立的新式人際關係確實拋開了舊有的傳統與習俗，創造出自由奔放的風氣，但那應該已不能稱作是「拓荒精神」了。而佐賀縣人今日是否仍留有「葉隱」[7]精神？現在的佐賀縣人若被如此問到，恐怕會歪著頭露出一臉不知如何是好的表情吧。

江戶子也有類似的狀況。昭和三〇至四〇年代間，外地人口大量移入東京，接著又因地價飆漲而產生人口大量移往周邊地區的現象。這兩次的人口大幅變動使得所謂下町的江戶子氣質在今日已不太看得到。以東京現在的狀況來說，所謂的首都圈應該要是包含了千葉及埼玉在內的整個大區塊。

4 下町指的是位於下方、面積廣大的町。江戶時代幕府將山手劃為武家居住的地區，下町則為町人（商人、工匠）居住的地方。一般指中央區、千代田區東部到江東區、墨田區一帶。
5「薩摩」為鹿兒島地區之舊稱，「隼人」是指該地區的原住民，「薩摩隼人」泛指出身於鹿兒島的男性。
6 江戶時代為庶民所設的初等教育機關。性質類似私塾。
7《葉隱》是日本武士道的經典著作，而「葉隱」一詞後來引申為「在君主看不到的地方也要盡忠」之意。

以上這些例子，可說都是過去曾為真實面貌，但現已成為泡影的縣民性。

恨意百年不忘的縣民性

前述提過，是各地的風土與歷史創造出了縣民性。而這裡所謂的歷史，通常是指明治時代以前，亦即至藩政時代為止的歷史。關於歷史所造就的縣民性，福島縣的會津地方可算是最典型的例子之一。

就如大家常說的，福島縣可分成三大區域——臨太平洋的「濱通」、有新幹線等通過的「中通」，以及「會津盆地」。

說到會津，就會想到白虎隊，想到是個因明治維新而嘗盡辛酸的地區。敗給薩摩、長州聯合軍後倖存的會津藩士多數四散逃逸，正因為親眼目睹了如此悲慘的遭遇，所以會津人對薩長，尤其是長州的恨意甚深。

大家常說會津人很頑固，雖然在唸書方面努力不懈，但卻也有著因頑固而封閉的一面。這樣的性格，或許在維新時因敗給了政府軍後，變得更為強烈也說不定。和會津若松的人講話時，他們常會說「之前的戰爭我們打輸了……」正當大家都以為這指的是第二次世界大戰時，沒想到他們指的其實是超過百年前的戊辰戰爭呢。

宗教對縣民性也有很大影響

由親鸞所創立的淨土真宗，在以富山為首的北陸地方留下了極為深刻的影響，據說勤勉堅忍的縣民性就是由此培育而來。的確，以富山縣為例，其住宅自有率及住宅的寬敞度等都名列日本全國第一，福井和石川也緊接在後，穩健踏實之性格由此可見一斑。

此外在滋賀縣的近江地方也留下了真宗所帶來的影響。近江商人除了以擅長經商聞名外，也熱愛儲蓄，這種佛教的現世肯定人生觀亦是北陸地方的共通特性。

淨土真宗廣泛普及於北陸地方是十五世紀時的事，為比叡山眾僧所追趕的蓮如首先逃往近江，不久便抵達越前吉崎，以之為傳教據點。

北陸各地的縣民性各有其獨特之處，但嚴以律己的行為模式及穩健踏實的個性，不可否認是來自淨土真宗的影響。與風土相同，宗教也可說是形塑了縣民性的典型要素之一。

「江戶子」的形成歷史背景

在武士占了全人口七分之一的江戶，武士對商人及町人[8]的生活也造成了很大影響。例如做生意時，若對象是武士，那就相當於面對政府官員，對他們端出所謂的「招待」，亦即設宴請客或給回扣、賄賂等都是很有成效的。若捨不得花錢就成不了事，而且也不能猶豫不決，必須明快果斷才行。

此外武士間盛行表面上表現得對金錢不屑一顧的態度，如此的金錢觀念對商人及町人也造成了影響。

據說「江戶子」一詞誕生於幕府建立後的一百五十年左右。由於江戶子的條件是連續三代都生在江戶、長在江戶，而三代算起來就差不多是這麼多年。不過武士反而有很多都是鄉巴佬，在江戶子眼裡，因參勤交代[9]等理由而暫住江戶的武士就是如此，所以江戶子骨子裡是很看不起武士的。

既自豪於身處幕府跟前，同時卻又看不起幕府的這種矛盾心態，正是江戶子的特質之一，而這點到了近代也被東京人所繼承。東京人之所以會產生看扁來自外地的人，卻又對政府官員卑躬屈膝的性格，其實是有這樣的背景存在。

大阪人的反官僚態度是如何形成的？

至於大坂[10]，其武士人數與江戶相比可是少得多。在人口七十萬的大坂，由幕府直轄的武士僅有二百人。此外就是在各藩的藏屋敷[11]負責會計出納工作的武士兩、三名而已。商人之城的特質由此可見一斑。

歷史作家司馬遼太郎曾說過「大坂是受封建體制影響最少的都市」，因此造就了不喜歡被納入由上頭所規定的秩序與系統，總是自由行事的大坂人性格。

這點可說是讓現代的大阪人完美地繼承了下來。就因為總是反政府、反官僚，是討厭被法律束縛的大阪人，故其違規停車的數量也是日本第一。

實際住過大阪便會驚訝於警察和車站站務員的態度，竟是如此地平易近人，比起東京明顯謙卑許多。

以前我剛到大阪吹田市千里的國立民族學博物館任職時，位於大阪市內的蘇聯（當時）

8 日本江戶時代的一種社會階層，以商人為主，也包含職人工匠等。
9 江戶時代的一種制度，各個藩的大名必須前往江戶替幕府將軍服務一段時間，然後再回到自己的領地執行政務。
10 「大阪」古時原名「大坂」，明治時代以後才改為「大阪」。
11 江戶時代各地大多會將年貢、特產存放於藏屋敷，並進行交易買賣。

領事館舉辦了一場宴會，我也受邀參加，但由於還不熟悉地理位置，到了附近還是找不到確切地點。當時恰巧看到一家商店，我便問店裡的人領事館在哪裡，沒想到老闆卻斬釘截鐵地說：「我在這裡已經住了二十年，附近沒有什麼蘇聯領事館。」

不過後來經我四處尋找，發現領事館確實存在，就在距離該商店不過一百公尺左右的地方。

隔天，我把這件事告訴一位在大阪土生土長的朋友，結果他說：「大阪人對於政府機構之類的東西完全沒興趣，更何況是別國的政府機構，哪有可能會知道。」

大阪人在公車站等車也都不排隊，大家都隨便站，但公車一來卻又能有秩序地逐一上車。看來大阪人真的是很討厭被束縛呢。

「京都的茶泡飯」至今仍在！

儘管同樣位於關西，京都可是和大阪很不一樣的。

所謂的「京都的茶泡飯」（茶泡飯在京都稱作「ブブ漬け」〔Bubuduke〕），是指訪客即將離開、正在穿鞋子時，主人對訪客說「吃個茶泡飯再走吧？」的情境。這時道地的京都人是絕不會答應此邀約的。如果大剌剌地回應「好吧，那就讓你請一頓了。」而且還真的準備坐回去，那可是會讓人打從心底瞧不起的。「這人真是厚臉皮吶～」像這樣被認為是個不懂禮貌的傢伙。

這種事從以前就很常聽到，我想一定有人懷疑其真實性。也有些京都人根本沒聽過這種案例，覺得應該只是編出來的故事。

但我所認識的一位大學教授就真的有過這樣的經驗。他受託為一出身京都的學生擔任媒人，便去拜訪女方的老家，就在那裡被邀請吃「京都的茶泡飯」，他想說要是拒絕可能會顯得太冷淡無情，便讓對方請了一頓。據說婚事後來就因此告吹了，理由是「怎麼可以把女兒的終身大事，託付給連京都的習俗都搞不清楚的媒人」。

京都是日本極具代表性的觀光勝地，尤其受年輕女性歡迎。不過似乎沒什麼其他都市像京都這樣，給觀光客的印象和給實際居住者之間的印象差異這麼大。京都用語確實是優美又風度翩翩，但據說他們內心往往都在恥笑對方不懂規矩呢。

創新的京都與培育的大阪

京都和大阪的形象本來就大相徑庭。相對於高傲且感覺有些道貌岸然的京都，大阪單純是個庶民之地。若說京都是個傳統城市，那麼大阪就是個貪婪飢渴地拚命消化各種新事物的城市。

不過有意思的是，縣民性可不會和城市表面給人的印象完全一致。

以商界來說，在大阪幾乎沒有女人插手的餘地，京都則相反，就算不活躍於檯面上，女性仍握有很大影響力。大阪或許是因為商人傳統強烈的關係，是個非常男性中心的世界，在這方面有其封建保守之處。

另外在學問的領域中，京都和大阪也有很大差異。

京都出身的文化人類學者梅棹忠夫說「京都具有遊戲精神」。的確，很多新領域的研究都始於京都大學的人文科學研究所。像今西錦司的「靈長類學」等，就我看來東京應是絕對孕育不出來的，畢竟在東京只有極為正統的學問才會發達。許多諾貝爾獎都誕生於京都大學這點，肯定也與此脫不了干係。

不過在京都，學者之間的人際關係相當麻煩。新點子固然會出現，可是一旦要建立新的研究所、進一步發展時，礙於各自所屬的「學派」極為緊密團結，要從中走出來可說是相當困難。

在這方面，大阪就很自由了。大阪的學者不建立派別，不會被組織或人際關係所阻撓，故能順利開設許多新的研究所或學院。前述的梅棹忠夫辭去京都大學的教授職務，跑到設於大阪的國立民族學博物館擔任館長，他便曾發自內心地感嘆說「像這種博物館，京都肯定建立不出來」。簡言之就是，創意生於京都，但培育於大阪。

對「外人」來說難住和好住的城市

據說曾因調職而住過各地的人都能明顯地實際感受到，有些都市不易居住，有些則適於居住。不過這也只是「外人」的感受罷了。

一般認為好住的都市包括札幌、大阪、福岡等，此外東京和橫濱的評價也不差。反之，被列為難住的都市則包括了京都和名古屋。

京都和名古屋的共同之處在於歷史悠久，當地人強烈自豪於該地的歷史，於是便給來自其他縣的人一種封閉的印象。

以名古屋為例，購物就去松坂屋、開車就開豐田、銀行就選舊東海（現在的三菱東京UFJ）、報紙就看《中日新聞》、棒球就支持中日龍隊等，在地意識相當強烈。這樣的在地意識一旦強烈，對「外人」來說就不易居住。

從這點來看，札幌的歷史較短；橫濱原本就是對外來事物採開放態度的地方；大阪則具有「只要住在大阪就是大阪人」的親切熱情；福岡亦是自古以來即望向大海另一頭的對外城市。

衡量某個縣市好不好住的指標，與其說是依據便利性、物價或住屋狀況等條件，其實更取決於該地居民好不好相處這點。所謂好相處，通常就是指態度開放、平易近人，不過想必也有人偏好像東京那樣彼此完全互不干涉的形式吧。

至於所謂難住的都市，則是指那種莫名地冷淡疏遠、老愛粉飾太平的地方。像表面上假裝不在意，背地裡卻透過住家窗格偷偷觀察鄰居的京都等地，對外人來說就稱不上是好住了。

愛爭好辯的長野縣人

前面提過，長野的教育縣形象已近乎泡影，不過其為人所道的另一特徵，也就是愛爭好辯這點，則是至今未變。

幾年前，我曾擔任放送大學諏訪學習中心的主任，那時曾以當地的青年會議所為中心，舉辦了城市發展研討會，當時他們認真研究且樂於討論的性格令我十分佩服。若在其他地方舉行，很可能只會是輕鬆的座談會，但在長野，卻能成為持續交流且充滿理性的討論會。

我曾在某個座談會中，聽到一位出身長野的家庭主婦發言說：

「六〇年安保[12]時，我是高中生，平常從未成功召開的學生會，當時卻常態性地有百分之八十以上的出席率，每天都討論安保問題討論到末班電車為止。」

關於長野人的好辯，還有個熟識的大學教授K曾跟我講過一個例子。

當時身為日本史教授的K，受邀至長野縣在針對該縣小學老師所舉辦的研討會中進行演講。K教授的演講一向簡單易懂、備受好評，但在長野的研討會上以同樣方式講話，

12安保鬥爭，指發生於一九六〇年以抗議美日安保條約為主的大規模反政府、反美運動。

聽眾們卻是毫無反應。到了中場休息時間，負責主持的校長很客氣地來找他，低聲表示：「教授，在長野縣大家不喜歡聽這麼簡單易懂的內容，拜託您再多講些難一點的東西。」

於是K教授就試著講一些連他自己也聽不太懂的話，結果據說贏得了滿堂采呢。

從前在大學教授之間，就一直流傳著在長野演講要講得難一點大家才會滿意的說法，但我一直半信半疑，直到聽了剛剛這段親身經歷後，我便相信了。

所謂的「東京沙漠」[13]亦是縣民性的產物

昭和三〇至四〇年代之間，東京的人口呈現爆炸性的增長。

於此同時為人們所議論的，正是有關都會人，亦即東京人的冷漠。對於從各地來到東京的人而言，東京人給他們很冷淡無情的感覺。回想江戶時代，江戶子的形象應該帶著下町的人情味才對，但那種形象卻已迅速崩壞。

尤其是東北地方來的人，東京給他們的印象極為冷漠。講話冷淡、毫無親切感，態度也很冷漠，連問個路都愛理不理的，一臉警戒，還有警察又兇又跩等感想時有所聞。

其實，這跟北關東地方的人大量遷入東京很有關係。來自茨城、栃木、群馬等縣的人口流入可謂格外猛烈。

在方言學中，北關東是所謂的「關東無敬語地帶」，雖不確定是什麼原因造成的，總之該區被劃為敬語不發達的地區。而來自茨城縣並成為警察的人又非常多，這也是給人冷淡印象的原因之一。畢竟他們從小是在敬語不發達的地方長大，要求他們講話親切有禮是不可能的事。

此外，不僅限於北關東，越是在小鎮或鄉村長大的女性，往往從小就被教導「不要對不認識的人笑，別太親切友善」的觀念。而我認為這種「鄉村倫理」也是造就「東京沙漠」的原因之一。

縣民意識強烈的縣與薄弱的縣

每個人應該都對自己所居住的地區帶有情感，或者至少會希望帶有情感。然而隨地區不同，此種情感的強烈程度也不太一樣。例如被問到「你認同自己是○○縣人嗎？」時，

13 一種比喻都市中疏離的人際關係的說法，因一首歌曲〈東京沙漠〉而廣為人知。

在某些縣多數人都會抬頭挺胸地點頭認同，但在某些縣則會有比較多人歪著頭猶豫不決。

而後者的反應有兩個可能的理由。一是在如首都圈等新移入者很多的地區，縣民意識可能還沒被培養出來。

另一理由則是他可能認同比縣更小的地區單位，例如市或町、村等。

不管理由為何，縣民意識越是薄弱的縣，就越難找出其性格特徵。關東各縣、福岡及兵庫，或是奈良及三重等大都市周邊的縣就屬於這種例子。

反之，自豪於身為○○縣人的居民越多，該縣的縣民性往往越是獨特。像北海道、沖繩、九州南部及信越地方[14]等便是如此。

但即使是縣民性很明顯的縣，我們也不能忘了每個居民和出身自該地的人都有自己的個性。接下來，我將開始詳細討論日本各縣的縣民性，還請各位務必牢記，這些考察結果都只是普遍性質的縣民形象罷了。

14「信」指古時的「信濃國」，大約相當於今日的長野縣；「越」則指「越後國」，大約相當於今日的新潟縣。

北海道・東北地方的性格診斷

北海道人
青森縣人
岩手縣人
宮城縣人
秋田縣人
山形縣人
福島縣人

北海道人

不拘小節、坦率、愛追流行

北海道出身的名人：
橫路孝弘、鈴木宗男、橋本聖子、山口昌男、香山理香、井上靖、渡邊淳一、池澤夏樹、京極夏彥、圓城塔、高峰秀子、北島三郎、中島美雪、松山千春、吉田美和、毛利衛、大泉洋、杉村太藏

關於北海道，有許多人提出了各式各樣的評論，其中不拘小節與愛好新奇流行似乎是所有人一致的共識。

此外，對事物的態度坦率，若有人批評就好好面對處理，亦是北海道人的性格特色之一。簡言之就是很直接開放。

愛好新奇這點，則與其土地開拓至今的歷史尚淺有很大關係。就這層意義來說，北海道的風土可算是相當具都會感。

「北海道在男女交往方面也比其他地方要直接、開放得多。另外，在有各種階層及年齡的人聚在一起交流的場合，也不會產生突兀或違和的氣氛，大家都能自在地參加，也不會畏畏縮縮地，能夠很明確地表達自己的意見。這些想必都是因為沒有古老傳統的關係。」

以上內容摘自出身北海道的學生，針對北海道人性格所撰寫之報告。而北海道所具備的男女平等觀念，以日本人來說可算是相當令人意外的。

據說當他們離開北海道時，便會清楚意識到自己在這方面的特性。

「來到東京聽聞其他地方的事情，往往都很驚訝。像是男女分校、九州人的男尊女卑觀念等，都讓我重新體悟到北海道的特色。簡言之，就是北海道從開拓到現在的時日還不長，不難想像開墾拓荒時歷經多少的艱苦與困難，而在那過程中，女性也免不了做吃重的勞動工作，想必男女平等的觀念便是由此而生。」

這段也是出自北海道出身的學生。北海道與生俱來的男女平等觀念應該就是這麼一回事吧。這和在西部拓荒時期的美國女性受到重視的例子非常相似。

不拘形式的自由性格

在北海道，具創新政治思想的人很多，這也源自於他們對新事物不排斥且樂於接納之性格，同時也和完全不拘泥於傳統習俗或形式這點很有關係。

再繼續看看剛剛的學生的說法。

「我有一些親戚朋友和關西及關東等地，亦即和所謂的內地人結婚。在我看來，像是要在結婚的好幾個月前先訂婚、小孩出生後的初節句[1]要由哪一方的父母家送些什麼東西等，有各式各樣的習俗要遵守，真是有夠麻煩的。北海道雖然也有一些基本的禮俗形式，但大家其實都不太講究。」

一色和江以日本全國結納[2]之地域差異為放送大學畢業論文題目，依據他的研究，最重視形式的是福井縣，最不重形式的則是北海道。昭和三〇年代常見於全國各地、以年輕人為主舉行的會費制婚宴[3]，逐漸被越辦越華麗花俏的婚宴所取代，在其他地方幾乎完全消失殆盡，如今只剩北海道還有，於札幌等地開枝散葉，在這方面足見北海道人的特性。雖然會費金額年年上漲，婚宴內容也隨之日益豪華誇張，但不喜歡由父母主導而是以年輕人為中心舉辦這點，似乎從未改變。

北海道實行以旱田耕作及畜牧為主的大規模農牧業，家戶之間的距離比日本本土要遠得多，除了家人外，對其他共同體不是那麼受重視，因此沒有形成本州[4]的那種傳統村落共同體。

這與北海道的文化也有很深的關聯性。少了共同體的規範，便會形成個人主義傾向，相對的也比較容易接受新來的人事物。由外國人所帶來的基督教即是其中一例，北海道人自由創新的思想似乎就是這樣來的。

由女性主動告白的北海道式戀愛

在談論北海道人的性格時，另一必定成為話題的就是女性的積極主動。

有個男生將自己向喜歡的女生告白、但被拒絕的經驗，告訴一個來自北海道的女生，結果據說這個出身北海道的女生顯得非常驚訝，她說：

「在北海道，男女即使互有好感，主動告白的通常是女生，男性都是等待的一方。」

我也曾教過來自北海道的女學生，印象中比起其他縣的女學生，她們顯得非常俐落爽

1 小孩出生後第一個慶祝的節日，女生是三月三日，男生是五月五日。

2 婚約成立時由男方贈與女方的禮品或金錢，也就是聘禮。

3 日本婚禮禮金分為「會費制」和「祝儀制」兩種。會費制的特色就是由宴客的一方先決定好會費金額，讓賓客當天到婚宴會場後，直接在櫃台繳會費。

4 形成日本主體的日本列島中的最大島，包括東北、關東、中部、近畿、中國共五個地方。

快。此外即使是初次見面，仍是打從一開始就積極大膽地發言這點，也很令人印象深刻。

接著來談談離婚率的部分，不論在日本哪個地區，戰前與二戰期間的離婚都是由男方提出，尤其以媳婦地位低落之東北地方農村的比例最高。但到了戰後，由妻子提出離婚的比例增加，雖然東北各縣還是一樣偏低，而高知縣從昭和二十五年至四十二年為止（一九五〇～一九六七）高居第一。不過後來北海道急起直追，自昭和四十三年（一九六八）起蟬聯冠軍，接著趕上來的則是沖繩，從昭和六十年（一九八五）開始形成沖繩第一、北海道第二的局勢，整體排名就這樣大致持續至今，不過平成十年（一九九八）的時候，大阪往上爬升，順序變成沖繩、大阪、北海道。

關於沖繩和高知的高離婚率原因，我打算等到該縣的章節再加詳述，而北海道之所以離婚率高，除了不受圍籬束縛的自由性格外，還歸因於女性的自主意識旺盛。另外，可幫忙勸架的親戚較少這點或許也是原因之一。

札幌就是北海道的「東京」

啤酒及香煙等新產品，很多都會選在札幌先行試賣。雖然靜岡和廣島也是有名的試賣選擇，但那是因為兩縣屬於「標準」的地區。若要預測東京或大阪等大都市的反應，札幌才是首選。

在戰後的四十八年間，札幌的人口從二十二萬人增加到一百六十三萬人，成長率超過七倍。使得其地區特色越來越淡薄，徹底地迷你東京化。據說沒有其他都市比札幌更符合市調的條件。

因此，札幌不太有地方都市的個性，由於幾乎和東京沒什麼兩樣，故札幌人到了東京也不會不知所措。

不過札幌人似乎仍留有北海道的特質，人很放鬆、心胸開闊，不會小家子氣。具有愛好新事物且獨立自主等特質。

只是札幌人的自尊也高。作為北海道的「首都」，總是很在意東京，同時十分自豪。

最後再補充一下，北海道雖大，其性格卻沒有太多的地區性差異。硬是要區分的話，大概只能分成札幌和札幌以外。而北海道人的個性，應該可以說是仍留存於札幌以外的地方。此外，據說旭川近期以北海道第二大都市之姿，開始對札幌起了強烈的競爭意識。的確，近來也出現了旭川拉麵的人氣即將超越札幌拉麵的說法。

青森縣人

分為津輕人與南部人

青森縣出身的名人：
三浦雄一郎、淡谷のり子、吉幾三、舞之海秀平、小比類巻かほる、太宰治、寺山修司、棟方志功、奈良美智、Nancy關（關直美）、松山研一

在ＮＨＫ放送文化研究所於一九七八年及一九九六年，從日本全國四十七都道府縣選出十六歲以上的男女各九百人（全國共四萬二千三百人），並以內含一百個項目的問卷所進行之「全國縣民意識調查」中，對「與人第一次見面會讓你覺得很沉重、有壓力嗎？」這一問題回答「是」的人數，青森縣在一九七八及一九九六兩年都是全國第一（請參照ＮＨＫ放送文化研究所編著的《現代的縣民氣質》，ＮＨＫ出版）。這可說是充分地顯示了青森縣民性中的一項特色。不過在討論青森縣的縣民性時，有一點絕不能忘，那就是津輕人氣質與南部人氣質的差異。在同一個縣裡竟能如此清楚地分成兩種性格，這在其他地方是很少有的。

例如在青森方言中有個詞彙叫「じょっぱり」（Joppari），這是在表達其縣民性格時必定會出現的詞彙，意思是「固執能忍」、「倔強好強」。「じょっぱり」可說是青森縣人的一大性格

特徵。不過這麼一個普通、常用的詞彙，在津輕和南部的定義卻有微妙的不同。

「南部的『じょっぱり』是發揮在即使情勢不利於己，依舊堅持認為自己是正確的情況；津輕的『じょっぱり』則是發揮在即使覺得是自己不對，仍為了保有優勢而堅持己見的情況。」

以上是由青森縣人所做的說明。依他的說法來解釋就是，南部的「じょっぱり」具強烈的正義感，而津輕感覺只是乖僻、彆扭而已。如此簡單的二分法固然不妥，不過由此仍可感覺到津輕的「じょっぱり」並不好對付。

包含「じょっぱり」在內，青森縣人的性格基本上是很堅忍勤勉的，這點與東北其他各縣一樣。但由於津輕人與南部人在某些方面會展現出完全相反的性格特徵，因此要統整出一個青森縣人的性格應該是不可能的事。

多話的津輕與寡言的南部

據說青森縣人開會時，總是在發言的肯定是津輕人，而且還會頑固地堅持己見、毫不退讓，讓主席很頭大。另一方面，南部人則幾乎不發言，由於什麼都不講，所以也讓主席很困擾。

一般認為津輕人都很愛出風頭、愛講話，南部人則是畏縮害羞、沉默寡言。像這樣在一個縣裡同時存在著兩種風土氣質，並彼此互補的，大概只有青森縣了。

為何會分成如此不同的兩個區域呢？其原因可追溯至藩政時代。十六世紀時，南部藩的家臣津輕為信起兵謀反，奪取了津輕的土地，津輕藩因而誕生，但從此以後，南部地區的人便與津輕結下不共戴天之仇。而這「敵對的兩方」後來因為明治維新的廢藩置縣而被劃為同一個縣，難怪不只語言及生活習慣，就連性格都不一樣。

例如青森縣人會說「わがね」（Wagane），這在津輕是表示「我不知道」，然而在南部地區卻是大聲地斥責「不行！」之意。看來似乎光是「わがね」這句就足以讓津輕人與南部人吵起來呢。

津輕人喝了酒就會發酒瘋？

小說家佐藤紅綠是津輕出身，但他對津輕人的性格卻相當嚴厲，甚至曾批評津輕人「懶惰又愛講話，老在別人家賴著不肯走，冒冒失失的，還喜歡湊熱鬧」。姑且撇開懶惰的部分，其他的形容確實有令人信服之處。

不論在津輕還是南部，都有「ゴンボホル」（Gonbohoru）一詞，意思是指喝醉了發酒瘋、耍賴，而青森縣人的確是有這種傾向。

雖說是津輕人，平常還是會有東北人沉默寡言與害羞的一面，不太講出自己心裡的想法。然而一旦黃湯下肚，就完全變了個人，平日的壓抑獲得解放，憋著的不滿情緒一舉爆發。這就是所謂的「ゴンボホル」。其中或許藏著一點難以控制的頑固吧。

此外，近來才廣為日本各地所認識的津輕三味線，特色是比一般三味線更粗的「棹」（琴桿），以及蒙上了狗皮的「胴」（琴身），由於音質比較渾厚、有力，很快地便贏得了高人氣。我覺得這應該也可算是由津輕的風土所孕育出來的。

不惜壓抑自己也要以長輩為重

在弱肉強食的商業社會中，努力但卻笨拙的青森縣人若想單憑實力出人頭地，著實困難。不過這個縣的人強烈傾向於壓抑自己以屈從長輩或上司，因此作為部下是很可靠又好用的。反之，若上司是青森縣人，則可能會因為對上頭唯唯諾諾地百依百順，使得有時不太靠得住。

此外，青森縣人還有自我意識過度的問題，會在意他人眼光，很難說出自己真正的想法，結果事後才又東說西講。這是青森縣人難搞的部分，表面上看似認同，實際上卻是一肚子的反感與不滿，正是所謂「口是心非」的傢伙。

岩手縣人

岩手縣出身的名人：原敬、新渡戶稻造、後藤新平、鈴木善幸、小澤一郎、相米慎二、常盤新平、舟越桂、宮澤賢治、石川啄木、金田一京助、高橋克彥、大瀧詠一

堅韌頑強的性格

如果不把北海道算在內，岩手縣就是日本最大的縣，其面積幾乎相當於四國的四個縣相加。而由於平原面積狹小、整體人口少，故其人口密度亦是除北海道外最低的一個。因為這樣，昭和三〇年代才會有一本週刊雜誌，以各式各樣沒禮貌的標語來稱呼岩手縣。不過後來岩手大幅發展，尤其是東北新幹線通車後，岩手的面貌有了很大的改變。

但在前述提過的、ＮＨＫ放送文化研究所進行的全國縣民意識調查中，岩手縣對於「你覺得家裡算是家境寬裕的嗎？」這一問回答「是」的比例，在一九七八年是敬陪末座的全國第四十七名，在一九九六年則是第四十名。以此看來，岩手縣民對自己現在的生活似乎是不太滿意。

以岩手之農村評論家聞名的大牟羅良曾於昭和三十三（一九五八）年出版了一本暢銷書

《沉默的農民》（岩波新書），書中寫的是太平洋戰爭後的昭和二〇年代末至三〇年代初、經濟最困頓時，岩手農民的生活與心情，細膩地描述了岩手農民心中充滿了許多不滿與牢騷，但卻不太說出口的特質，而其書名「沉默的農民」也正是基於此意涵而定的。我想這種「沉默」的傾向可說是整個東北地方或多或少都具有的共通性格，只不過岩手縣人在這方面的特質似乎特別強烈。此外，在NHK的全國縣民意識調查中，對「與人第一次見面會讓你覺得很沉重、有壓力嗎？」這題，在一九九六年回答「是」的人數，岩手縣亦是僅次於青森排名第二的縣。

不過岩手也有出乎人意料的面向，例如其縣民性雖是如此沉默寡言，卻出了四位總理大臣。山口縣出了七位總理是歸因於明治維新時長州藩的貢獻，其次是出了六位總理的東京。在這之中，岩手能夠排名第三感覺是滿突兀的。或許是沉默寡言結合了堅毅與頑強，才綻放出如此燦爛的結果吧。

岩手縣人不太有明星特質，但卻誕生了會讓人直接聯想到岩手之風土民情的文學家——宮澤賢治及石川啄木。沉重緩慢，卻潛藏著堅韌頑強。

另外，雖不如青森縣那麼強烈，但這裡也殘存了不少來自藩政時代的影響。江戶時代岩手縣的北部為南部藩所統治，南部則屬於伊達藩，如此氣氛一直延續至今，以致於縣北與縣南之間似乎存在著一絲敵對意識。不過畢竟青森縣還包含了本為南部家臣之津輕為信起兵謀反、才建立出津輕藩的背景因素，岩手縣則不具此種主從關係，所以就這層意義來說是更簡單乾脆的，只不過是本來不相干的兩方被湊在一起，結果融合得不太好罷了。只是兩方相比，據說縣南基於隸屬較強大之伊達藩的榮耀感，因此更有團結意識。

此外也有人說縣北因大雪冰封，人們總是待在家讀書，導致該地區的人變得非常善於思考。除了剛剛提過的宮澤賢治與石川啄木外，新渡戶稻造及愛奴研究者金田一京助等，都是縣北出身。相對於此，縣南則較偏向行動派，開放直爽又積極進取。

不擅言詞卻很會賣東西

東北出身的人一般被認為較不適合從事業務、銷售等需對外交際的工作，因為他們不擅言詞又缺乏社交性。

但最近的研究統計發現，這樣的特質反而能帶給對方信賴感，銷售業績名列前茅的東北人日漸增加。

岩手縣人也有這種傾向。站在上司的角度，他們屬於雖看不出到底有沒有幹勁，但只要別急著下結論、好好培養，便會有所成長的類型。

不過岩手縣人的情緒表現不太明顯，有時會搞不清楚他們到底在想些什麼。而這種時候別太追根究柢，尊重其自主性會比較好。岩手縣人雖然缺乏積極態度，但也不喜歡他人干涉。

宮城縣人

宮城縣出身的名人：
志賀直哉、梅原猛、石之森章太郎、菅原文太、中村雅俊、鈴木京香、大友克洋、宮藤官九郎、佐佐木主浩、高橋喬治、勝俣州和、福原愛

悠哉主義

經常為人們所提及的宮城縣縣民性包括樸素、消極、謹慎等，這部分和東北其他各縣大致共通，而不一樣的地方在於宮城縣民比較悠哉，對任何事情都慢條斯理、不急躁。像水戶人那樣高傲，獨立自主，自己的事自己決定，具有不管別人怎麼說我都當不知道的頑固特質。也因此被認為與東北其他各縣相比，凝聚力較為低落。

據說宮城縣的這種不同於東北其他各縣之特徵，可歸因於曾長期為大名鼎鼎的伊達藩六十二萬石所統治一事。伊達氏是自鎌倉時代以來的名門望族，而六十二萬石可算是地位很高的大名，宮城縣人的自傲，就是因為有此具悠久傳統之大藩榮耀支撐著。

但伊達藩的有力家臣都各自為小大名，每個都開口閉口「我我我」地具有強烈的自我意識，導致重要時候往往不夠團結的現象。據說統御得如此不徹底的藩還挺少見的。現在距離伊達藩消失已超過百年，在人口結構方面，外來人口的比例也一直在增加，但仍有人認為這樣的傳統至今依舊存在。

伊達物

此外，華麗輝煌亦是伊達藩的特徵之一。在日本的國語辭典《廣辭林》中查閱「伊達」（Date）一詞，其中寫著「耀武揚威、逞威風之意」，接著又寫了「也是『男達』（Otokodate，男人們）的簡稱，還有一說認為此詞源自伊達家藩士的華麗服裝打扮」。

的確，查過資料就知道，在伊達家的諸多藩主中，最有名的第十七代伊達政宗為了帶兵參與豐臣秀吉侵攻朝鮮之役，從京都出發時，以政宗為首，包含其所有家臣，從旗幟到配刀均裝飾著華麗的色彩，令京都人驚歎不已。

不過據推測，政宗的此一策略很可能是源於與秀吉對抗的心態，再加上本身來自偏遠地方，想讓京都的人們留下深刻印象的關係。但宮城的歷史研究家高橋富雄則強調，伊達文化的一大特徵便是含有法語「dandysme」的意涵，也就「時髦」、「時尚」之意。依據高橋的說法，此地區尤其具有將華麗事物內化之傳統，由政宗建造且為其牌位所在處的瑞嚴寺等，就是最顯著的例子之一。

優越感與自傲

伊達政宗積極地開發荒地，建立起全國數一數二的稻米生產藩。今日的名牌米「笹錦米」，便誕生於這樣的歷史背景下。而此農業開發政策的成果大大提升了人民的生活，在仙台藩，除了於寬政年間曾有過一次農民起義外，幾乎沒發生過什麼動亂。據說伊達藩的武士被賦予了相對大的自由，儘管有程度差異，但農民也算相當自由。換言之，這裡曾經洋溢著安穩悠閒的氣氛，被認為是此地區的一大特徵。

此外，宮城縣的中心仙台，其重要性在明治維新前後日益增加。例如今日成為國立大學教養學部的舊制高等學校，就是先在東京成立第一高等學校後，接著便在仙台成立的第二高等學校。還有軍隊也是一樣，陸軍的第一師團先在東京成立後，接著第二師團就是設立於此。

就像這樣，作為整個東北的中心都市，仙台所扮演的角色越來越重要，結果使得宮城縣本身也逐漸被視為是東北之中高人一等的縣。而相對於東北其他各縣的這種優越感與自傲，可說是形成了此縣縣民性的主要因素之一。

另外在ＮＨＫ放送文化研究所的全國縣民意識調查中，對於「你是在工作與生活上都希望能積極採納新事物的人嗎？」這一問題，宮城縣在一九七八年時回答「是」的人數高居全國第三名，在一九九六年則是第六名。這樣的想法在東北其他縣並不多，因此，我認為富冒險精神、具強烈進取心的特質應該也可列為此縣特色。

秋田縣人

秋田縣出身的名人：明石康、佐佐木毅、山田久志、落合博滿、長崎宏子、小林多喜二、西木正明、小倉智昭、櫻田淳子、柳葉敏郎、佐佐木希、鳥居美雪

溫厚純樸

交通事故鑑定專家表示，汽車的交通事故往往具有明顯的地方特色，而依據最近的統計數據，在全日本發生最多酒醉行人相關事故的，就是秋田與山形。也就是說，在秋田和山形經常發生喝了酒就這樣睡在一片漆黑的路上，結果被車碾過去的事故。從近年來每戶的清酒消費量看來，雖然新潟為全國第一，不過其次就是秋田，接著第三名則是山形。秋田的確是稻米美味又受惠於好水的寶地，也有酒國之稱，男人很會喝酒。但秋田的男人只單純喝酒，不會喝了後去賭博，或是出去玩女人。可說是相當溫厚純樸。

作者不詳但寫於十六世紀戰國時代的《人國記》一書，詳細記載了當時日本各地之風俗及居民氣質，據傳是武田信玄的愛書之一，而在此書中也出現了類似「出羽之國（現在的秋田）的人在奧羽諸國（現在的東北地方）中，格外地忠實耿直且服從上級」的敘述。

接著在距離此《人國記》之後許久的天明七年（一七八七），走訪了秋田的古川古松軒於其著名遊記《東遊雜記》中提到「秋田人雖純樸，但因過度受惠於豐富稻產，以致於生活安逸、毫無進取心」。古松軒這句說得或許誇張了點，但卻一語道破了其存留至今的強烈消費風氣，前述提到的酒的消費量之高亦屬於此例。不過就孕育此風氣的背景因素而言，秋田藩所具備之尊重文化的傳統應是一大元素。秋田藩的第一代藩主佐竹義宣愛好連歌、香道等，對於能樂更是特別熱衷。甚至在安永年間藩政動搖期的藩主義敦（曙山）當家時，還誕生出繼承了荷蘭畫風的「秋田蘭畫」[5]，這點相當值得注意。

秋田美人的起源

這樣的溫和敦厚，不論好壞，似乎就是秋田縣人的性格特徵。有點優柔寡斷、缺乏決斷力，遲遲無法採取行動，可是一旦展開行動，就很有毅力。而這樣的特性也展現在當地的鄰居交際及親戚往來方面，秋田縣民無法與初次見面的人融洽相處，因此乍看難搞，不

5 日本江戶時代的一種繪畫類型、派別。

過一旦開始往來，就會情深意重。

說到秋田，絕不能忘了與「新潟美人」齊名的「秋田美人」。秋田出美女的原因眾說紛紜，而目前被認為最具可信度的是木內宏的「古代混血說」。建國於日本海對岸之朝鮮半島北部至濱海邊疆州[6]一帶的渤海國，派遣使節來此出羽國多達數十次，《續日本紀》中甚至記載了天平十八年（七四六）有一千一百多名的渤海人與鐵利人一同渡海來日。其中鐵利人被認為是在濱海邊疆州一代的突厥系游牧民族。據說很可能就是因為有突厥系的其他民族來此混血，才產生了所謂的秋田美人。

一度高漲的離婚率

關於秋田，還有一件事非提不可，那就是戰前秋田的離婚率是全日本第一高。正如在介紹北海道時提過的，平成十年（一九九八）時離婚率最高的是沖繩、大阪及北海道，但二戰前與戰爭期間的離婚率則是以東北地方最高。戰前、戰時的離婚都是由男方提出，故在媳婦地位低落的東北農村地區離婚率最高。不過關於同為東北，為何只有秋田特別高這點一直未有明確答案。我個人是覺得，就如剛剛提過的，這或許是因為其親戚往來特別密切，導致從外嫁入的媳婦很難融入的關係。

另外在NHK放送文化研究所的全國縣民意識調查中，對於「你是否不在意穿過時的服裝？」這一問題，在一九七八年回答「是」的比例最高者是福島，其次為山形，第三名就是秋田，第四名則是岩手，但在一九九六年時，第一名仍是福島，第二名變成岩手，第三名是山形，第四名為島根，秋田已退居至第十七名。換言之，比較一九七八年與一九九六年之調查結果可發現，東北其他各縣的排名都沒什麼太大變化，唯獨秋田出現了大幅度的變動。可見只有此地對流行的興趣大大增長，我想這是探討近年來秋田地方的變化時不可忽略的一大要點。

6 為俄羅斯帝國的行政區，原本大多為中國清朝的土地，後來被割讓給俄國。

山形縣人

山形縣出身的名人：
大川周明、南雲忠一、石原莞爾、加藤紘一、齋藤茂吉、丸谷才一、井上廈、渡部昇一、佐高信、藤澤周平、無著成恭、秋竹城、宇藤鈴木

母親之河——最上川

常有人說，山形的風土是由號稱「母親之河」（由歌人齋藤茂吉命名）的最上川所孕育而成。這條河是日本的三大急流之一，其流域滋潤了全山形縣百分之八十六的土地。最上川的船運在江戶時代十分發達，因而得以將這裡特產的庄內米運往江戶。

相對於其他河川大多流經數個縣，最上川只經山形一縣便流入大海。換句話說，它的整個流域都包含在一個縣內，縣民稱之為「母親之河」這點，可說是充分反映了縣民心中的特殊情感。

此縣可分為以酒田及鶴岡為中心、雪量較少、靠日本海側的庄內地方，以及日本數一數二之多雪地帶的內陸地方。聽說庄內人較開朗豁達，內陸人則明顯地具有盆地型的內向特質與堅忍不拔。

先來談談庄內地方。這裡自古即有「農民貧窮之說不適用於此庄內地方」等說法，而庄內人的開朗、豁達也是以此事實為背景。身為此區中心的酒田位於最上川的河口處，在江戶時代結合最上川之船運，作為日本海屈指可數的海港之一蓬勃發展，住家超過千戶，運輸船行熱鬧繁忙。

另外，依據佐藤三郎的《酒田之本間家》(中央企畫社)所述，那時遷移至此的是本間主計光重，他與關西進行貿易而致富，於是成了大地主，傳承幾代後更以數艘稱作「本間船」的大帆船與蝦夷地(北海道)進行貿易。這個本間家也曾出現在井原西鶴的小說中，是目前酒田最知名的重要家族。

據說在庄內地方，尤以酒田的人們最愛耍小聰明又奸詐狡猾，一般認為這樣的印象應是來自於鄰近地區的農民對酒田米商的反感。但的確，酒田因為自江戶時代開始持續與大阪貿易，導致其方言受到大阪腔的影響，講起話來很快，然而相距不遠的鶴岡則是講話很慢，兩者呈現出鮮明對比。而居民性格也是，相對於酒田的「動」，鶴岡可說是偏「靜」。比起這樣的庄內地方，誠如前述，內陸地方的內向與堅忍不拔特質顯得十分明顯。

就連小偷也能安穩度日

儘管兩個地區具有如此的性格差異，不過山形縣整體來說，具有富人情味且待人和善、個性溫和的特質。有個來自山形縣的學生寫到「山形的人情味之濃厚可謂日本第一」。的確，此地非常重視人際關係、討厭爭執，很擅長將事情圓滿解決。山形人不愛懷疑他人，因此甚至有人開玩笑說「就連小偷也能在山形安穩度日」。只不過，一旦人情味出現反效果，難免會給人愛管閒事的印象。就和東北其他各縣一樣，山形人雖然不太表達自己的意見，但有時其真誠的態度反而會讓人倍感壓力。

此外山形縣人還存在另一面向，那就是先前介紹秋田縣時已提過的，在秋田和山形縣，與酒醉行人有關的事故是全國最多的，有很多人喝醉便直接睡在四周一片漆黑的馬路上。也確實，從這幾年的清酒消費量看來，緊接在新潟、秋田之後的全國第三名就是山形。換言之，扮演了安全閥的角色以維持適度平衡，避免剛剛所說的真誠及愛管閒事等性格過度強烈的，或許就是酒精也說不定呢。

另外在ＮＨＫ放送文化研究所的全國縣民意識調查中，對「在家庭生活中，與其每個人各自做自己喜歡的事，你更重視家人的團聚嗎？」一問回答「是」的人數比例，山形於一九七八年高居第一，但到了一九九六年卻降至第三十一名；還有對「你覺得說謊騙人是無論如何都不可原諒的壞事嗎？」一問做出肯定答案的人數比例，在一九七八年山形也是第一名，到一九九六年則變第十名。山形縣民近年來在觀念上的這種大幅變化與秋田相當類似，而其原因似乎有必要再深入探究。

福島縣人

福島縣出身的名人：野口英世、圓谷英二、兒玉譽士夫、渡部恒三、高橋哲哉、玄侑宗久、古川日出男、中畑清、江川卓、佐藤慶、梅澤富美男、西田敏行、伊東美咲

自認保守的性格

人們在介紹福島縣時，總會以「福島包含三個地區」或「福島縣的天氣圖和其他縣的有些不同」為開場白。

首先是臨太平洋的「濱通」；連結了福島市、郡山市、白河市的「中通」；還有以會津若松為中心之西部山岳地帶的「會津地方」。

這三個地區不論在地勢還是天候上都很不一樣，故其居民氣質也各具特色，因此要用一句話來形容福島的縣民性可說是相當困難。不過國學院大學名譽教授樋口清之提出了與明治維新有關的解釋。

「因維新浪潮而受害最大的非福島縣莫屬。不過濱通，亦即海岸一帶的受害程度相對較低，漁業及明治時代以後開採的常磐煤田使得外來人口較多，因此較為開放。

而中通正好是東北遠征軍的通路，是受害最深的地區，甚至有不少老人深信他們與薩長有不共戴天之仇。這裡有著被征服者特有的自卑和封閉氣質。

至於會津地方，則又比中通更孤立、固執且封閉。」

福島一般分為開朗開放的濱通氣質、頑固陰沉的會津氣質，還有介於兩者之間的中通氣質，不過保守的本質可說是三者共通。

極度固執的會津人

正如我在序言中提過的，會津人保有福島縣民性中最保守的部分。就連原為長州藩，現為山口縣縣廳所在地的山口市，於昭和四〇年代提議結為姊妹市時，會津若松市的青年會議所立刻拒絕，市內的老人們還因此大肆歡呼喝采。甚至最近，同樣位於山口縣的長州藩舊城下町[7]、為吉田松陰之松下村塾所在地的萩市亦做了相同的提議，但也被拒絕。以小說《會津士魂》獲得吉川英治文學獎的作家早乙女貢本身亦是會津藩士的子孫，他曾在

7城下町是指古時以領主居住之城池為中心所形成的城市。

某雜誌上寫下這段話：

「前陣子，長州萩市的市長等人來訪，希望我方能忘了百年來的仇恨，與之握手言和，結果卻被會津的有志之士激動地趕了回去。這是當然的。無罪卻被迫背負叛國污名而陷入悲慘生活的長久積怨，可不是過了百年就會消失的。」

而我曾和某銀行的人聊天，碰巧聊到會津若松的話題，結果對方一臉無奈地表示他來自山口縣。

「其實我有個長期服務的客戶，我後來才知道他是會津若松出身。某次我們偶然知道了彼此的出身，當場我就覺得不太妙。結果該客戶說『要是一開始就知道，我肯定不會讓你服務。真是幸好那時什麼都不知道。』著實把我嚇出一身冷汗。」

今日仍對舊藩有著強烈歸屬意識的，還包括先前提過的青森縣，在該縣內原為津輕藩的地區和原為南部藩的地區彼此依舊有著強烈的敵對意識。不過一般認為，會津人的舊藩意識更甚於青森。據說會津人和山口縣人即使已論及婚嫁，仍會因為會津這方親友的強烈反對而告吹，而且至今仍時有所聞。感覺上，這情況再過個一百年可能也不太會有什麼改變呢。

不耍嘴皮子的埋頭苦幹型

福島縣人總是辛勤努力地工作，多數都屬於不耍嘴皮子、埋頭苦幹，會在同一家公司做同份工作長達二、三十年的那種類型。

而他們也具有以會津為代表的那種固執的一面。由於不愛計較得失，一旦決定了就要貫徹到底，因此在生活中會顯得相當笨拙、不夠圓滑。

在商業社會中，福島縣人絕對稱不上是菁英。既跟不上時代潮流，又無法隨機應變，即使懷才不遇也只會一直忍耐。

但這種人作為下屬應該是非常值得信賴的，任何工作都會默默完成。他們是只要感覺到上司對自己的信賴就會發憤努力的類型，故可放心地把事情交給他們。

福島縣人不太具有社交能力，多半都安靜又害羞，因為他們討厭輕佻的舉止。

雖然不會玩又不有趣，可是對女生很溫柔。儘管有大男人主義的傾向，但骨子裡其實是體貼溫柔的。由於不太需要擔心外遇的問題，多半都能建立出穩固的家庭。非常適合希望家庭安定勝於丈夫出人頭地的女性。

另外就如介紹秋田縣時已提過的，在NHK放送文化研究所做的全國縣民意識調查中，對「你是否不在意穿過時的服裝？」一問提出肯定答案的人數比例，不論於一九七八年還是一九九六年，福島縣都是第一名。而這和秋田縣在一九七八年排名第三，到了一九九六年卻已退居第十七是很不一樣的。還有對「你想以自己的父親(回答者為男性時)或母親(回答者為女性時)作為你人生的典範嗎？」，以及「貴府平日往來的親戚多嗎？」等問題回答「是」的人數比例，福島縣在一九七八年、一九九六年也都高居第一。我想這應可解釋為其保守傾向持續不變。

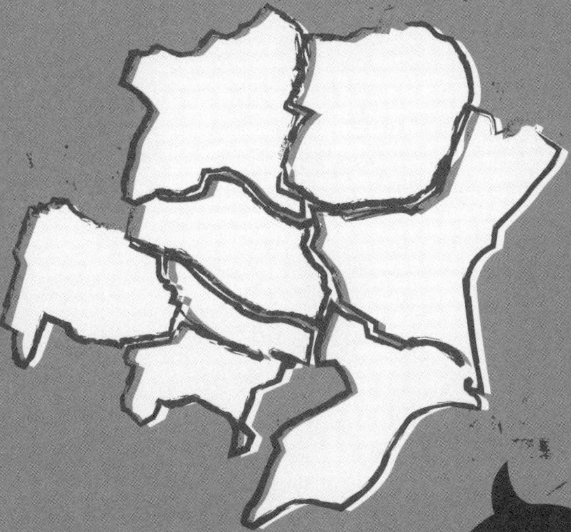

關東地方的性格診斷

茨城縣人
栃木縣人
群馬縣人
埼玉縣人
千葉縣人
東京人
神奈川縣人

茨城縣人

茨城縣出身的名人：
橫山大觀、梶山靜六、多田富雄、小谷野敦、永井路子、淺野一二〇、恩田陸、水戶泉、深作欣二、梅宮辰夫、柳生博、渡邊篤史、松居直美、永作博美、栗山千明、三浦春馬

與人往來從不算計

在用來形容茨城縣縣民性的詞彙中，最有名的就是所謂的「三易」。

「易怒」、「易忘」、「易膩」——這是茨城縣的「三易」，而水戶[1]又另有「三好」，亦即「好辯」、「好強」、「好發脾氣」。

兩者給人的共通印象就是單純且正直。

確實，茨城縣人不擅言詞，沒辦法阿諛奉承。礙於表達能力不足，容易產生小誤會，相處有摩擦。無法被理解就只好發怒，一切都歸因於他們與人往來時不懂算計。

但他們雖然易怒，卻也同時擁有立刻就忘得一乾二淨的特質。

這源自茨城縣人開朗、單純、不拘小節的性格。儘管昨天才吵過架，今天要是對方來拜託自己，仍會拍胸脯答應說「沒問題，就交給我吧！」至少不會是不乾不脆、彆彆扭扭的那種內向類型。

金崎肇從北陸古都金澤的大學轉任至茨城縣水戶的大學，他在著作《當世常陸風土記》（叢葉書房）中，記述了他所見所聞之巨大差異：

「搬到水戶後首先注意到的是，當地人**講話很快**又尾音上揚，沒想到水戶人竟是如此地急性子。開車時沒禮貌的程度著實驚人，連等個紅燈都沒耐性，橫向車道的燈號才剛變黃燈，就已踩下油門衝出去。依據報導，茨城縣的交通事故率似乎是日本第一。」

「討論事情時很容易生氣也是其『三好』特性之一，而不喜歡講輸人，總是積極地找碴、頂撞，或許也是一種『好強』的表現。」

「茨城人和北陸地方的人們一樣，很多都上東京發展，但就如人們口中的『茨城警察與千葉女傭』，他們這種當了警察就愛嚷嚷『喂！你給我過來！』的耍威風行徑，很可能是其縣民性使然。」

關於這個「茨城警察」，我曾在自己的著作《縣民性》（中公新書）中如此提到過：

1 茨城縣的縣廳（縣政府）所在地。

「在幕末的戊辰戰爭中抵抗政府軍，但被打敗後，便失去了勢力強大的大藩地位，因此對維新後的士族們來說，進入官場的路變窄了。這時唯一的突破點就是警察，於是便誕生出『茨城警察』一詞。」

其實我在這方面的相關敘述，讓茨城縣警中負責教育訓練的部門非常在意，後來我從當地的報社記者那裡聽說，他們馬上展開了糾正茨城警察講話方式的運動。

留存至今的水戶風範

回到剛剛《當世常陸風土記》的話題，作者金崎還寫了以下這段敘述：

「搬到水戶後，在我任職的大學裡，不論是學生還是老師之間，大家講話時經常冒出『尊攘』一詞。一頭霧水的我一問之下才知道，那是『尊王攘夷』的簡稱。」

由此可見，幕末精神至今仍存在於茨城縣。

江戶時代，此地區分成十幾個藩與幕府直轄的「天領」。其中最具代表性的就是水戶藩，它是德川家的親藩御三家之一。而其歷代藩主中最有名的就是第二代藩主光圀，雖說這位統治者從當時就已名聲響亮，不過因電視連續劇而廣為人知的「水戶黃門漫遊記」，其實是基於他死後超過百年的幕末至明治初年期間所創作之講談故事，裡頭走遍全國並懲罰貪官汙吏等惡人的情節似乎全為虛構。

光圀真正做過的大事是《大日本史》的編纂，為此，他延攬了全國各地的優秀儒學家來進行這項工作，由此自然而然地形成了所謂「水戶學」之學風，而這種學風的內涵，簡言之就是貫徹尊王攘夷的思想、感嘆武士的風紀衰落、重振忠義之心、守護皇室尊嚴，並強調神州的不朽與優越。

各藩志士爭先恐後地來到水戶留學，而第九代藩主烈公齊昭還創建了藩校——弘道館，作為一所義務教育的機構，遠逸樂並禁歌舞。居住在這種精神環境下的水戶藩武士們，世世代代都在狹小的領地範圍中結婚生子，幾乎不與他藩通婚，形成所謂單一血緣的大家族，進而產生出強烈的團結意識。

就這樣，水戶至今仍留存著水戶藩的風範，由水戶藩的武術教頭所開設的劍道大道場——東武館，今日仍有許多市民在其中揮灑汗水。如同前述，自古以來就經常用「好辯」、「好強」、「好發脾氣」來描述水戶居民的這種性格，即是所謂的水戶「三好」。

儘管以上的敘述都是以水戶為中心，不過茨城縣整體的縣民性似乎也具有同樣的特徵，而其中最常被提到的就是激情性。所謂激情性，也就是急躁、熱情地往目標衝去的特質。總之就是極為單純，說得難聽點就是過度單純了。此地關心政治的人很多，但據說因為過度熱情，故無法成為成功的政治家。雖然真誠且重情意，可是不擅宣傳，又不懂得恭維他人、講好話，所以顯得很難相處。

茨城縣的開發部對三千多位縣民進行問卷調查，從該次的「縣民性調查」結果看來，茨城縣民所自認的縣民性缺點為「沒耐性、易熱也易冷」，與外人的評價一致。而縣民們所自認的優點「親切、勤奮」，似乎不太容易被外人察覺，這大概也是因為他們不懂得恭維、不太好相處的關係。此外就如我在序言部分提過的，依據方言專家的說法，茨城縣與栃木縣是全日本敬語最不發達的地區，被稱為「關東無敬語地帶」，我想這點應該也與此現象有所關聯。而在思考「茨城警察」這一說法時，這或許也是個不可忽略的因素。

在商業社會中，茨城縣人不擅言詞又不靈巧的性格，成了不利的條件。所以最適合他們的就是警察或消防員之類的工作，這話聽來或許有些諷刺，不過磊落大方、不拘小節的茨城縣人其實意外地強悍呢。

栃木縣人

栃木縣出身的名人：
井深大、出井伸之、島桂次、相田光男、柳田邦男、大島弓子、立松和平、落合惠子、渡邊貞夫、森昌子、Guts石松、渡邊徹、大島優子、澤村拓一

關東無敬語地帶

針對栃木縣，有位來自該縣的學生如此敘述：「栃木縣這地方與其說是有活力的青年縣，實際上更像是保守而缺乏積極性的一個縣。即使到了東京等地發展，接觸到新的空氣、學到各種創新事物，一旦回到自己的縣，就會變得無法充分發揮這些經驗，結果往往還是被當地風氣同化。冒險之類的事情不受青睞，總是傾向於選擇安全穩當的路。」不過他也這麼寫道：「優點是認真誠實。做事雖慢，但穩紮穩打、努力不懈，是可靠的人。」

其他人對栃木縣的評價也都大致如此，不過還有個很多人都提及的特性，那就是不喜派系、不愛團結，傾向於各走各的路。

栃木縣的縣民性簡言之就是「認真、誠實、牢靠」，但正如在介紹茨城縣時已說過的，此縣與茨城並列為全日本敬語最不發達的地區，被歸入關東無敬語地帶，因此給人的第一印象總是很差，屬於不擅長待人處事的類型。但另一方面，很多人都說栃木縣人一旦當官，必定飛黃騰達，因為他們正直規矩又具有強烈的正義感。確實，在官場上，有能者總是顯眼。雖然性格低調樸實，不過認真踏實的部分應是很值得認同的。

性喜打趣，愛說笑

栃木縣出身的政治家渡邊美智雄，對該縣的縣民性做出了以下評論：

「山不高、水不深，什麼都不徹底、什麼都半調子，就連名人也大多都有其扭曲的部分。中規中矩地很不顯眼，女性不知為何肌肉相當發達，不夠可愛，不知是不是為了彌補男人靠不住的問題。」

他說的男人靠不住，指的大概是缺乏凝聚力、互扯後腿的性格，而關於這部分，他是這麼解釋的：

「這些人很不擅長聯合起來處理事情，就連土地開發事業也會半途鬧翻，導致做不下去。反之，曾有大藩統治的地方就比較能順利執行。這是因為栃木縣自古以來農家的耕地面積就很大，不靠別人也能自給自足的關係。果然是細分為多個小藩及天領的幕府政策害的。」

不過另一方面，正如八木節[2]的表演風格，愛打趣說笑亦是此地的風土民情之一。栃木縣的男人看似具有反骨精神，但他們其實也和下町一樣，有所謂「財不過夜」、及時行樂主義的一面，可說是相當難捉摸。

栃木縣出身的前索尼名譽名譽會長井深大則認為，栃木的縣民性也許就是日本人的國民性。

「比方說，雖不能說是完全沒創造力，但很不擅長評斷創造力。這說的是日本人，但栃木縣人或許也具有這樣的特質。」

一般將栃木、茨城、群馬這三縣統稱為「北關東」，它們的共通之處便是如前述渡邊美智雄所提到的，在江戶時代幕府為了避免謀反與叛亂，而採取將一地劃分為多個小藩的政策。這其實是整個關東地區的共通點，故這一帶都沒有大藩存在。原本有大藩的地方，與其說是縣民性，實際上更像是原本的藩民性留存至今，東北地方幾乎皆具備此特徵。但北關東，甚至是整個關東地帶，則完全看不到這種現象。

2 一種分布於栃木、群馬、埼玉縣一帶的民謠。

群馬縣人

群馬縣出身的名人：
福田赳夫、中曾根康弘、小渕惠三、內村鑑三、田山花袋、萩原朔太郎、金井美惠子、松本健一、糸井重里、向井千秋、三國連太郎、小林桂樹、由紀沙織、中山秀征、井森美幸、布袋寅泰、篠原涼子、齋藤佑樹、安達充、NIGO

男人也很有氣勢，不輸女人

群馬縣最大的特色就是，夾在群馬北部與西部兩個山岳地帶之間的前橋周邊地區一到冬天，便會成為日本第一的乾燥地帶，上州著名的「旱風」就是由此而生。此外，這前橋周邊到了夏天又很會下雷雨，也可算進上州名產之一。

那麼上州的性格特質又是如何呢？

作家司馬遼太郎在其以千葉周作為主角的小說《北斗之人》中，如此描述上州人：

「據說論死刑犯的氣勢，全天下沒有比上州人更威猛的了。一般的死刑犯一旦被拖到斬首的刑場，就會精神崩潰、臉色慘白、雙膝顫抖，幾乎沒辦法走路。只有上州高崎一帶的監獄，不論哪個死刑犯都是哼著歌進場，甚至還有人對負責砍頭的人說『我的脖子是鐵做的，沒鼓起勇氣用力砍下去的話，可是砍不斷的喔。』就連到了最後一刻，都還有裝腔作勢撂狠話的能耐。」

上州曾經兩度奪取天下。第一次是鎌倉武士在此原野磨練戰技，進軍都城後消滅平家，於鎌倉建立了幕府。亦即上州兵馬奪取了天下。第二次則是由足利氏與新田氏所取得。上州人自古以來就具有學習劍術且村莊間會相互切磋以增進技巧的風氣，即使是農民也不例外。

說到群馬縣，就如我在序言中提過的，「女人當家」的印象很強烈，但其實那裡的男人也不遑多讓，同樣氣勢非凡。對群馬縣民進行問卷調查的結果，「講話粗魯」或「沒耐性」、「易熱也易冷」等性格都名列前茅。而針對上州人的性格進行了分析的群馬大學心理學教室之教授——國澤博所做出的總結是，群馬人雖愛追求新事物，可是也很快就厭煩，經常盛氣凌人，但意外地只是裝模作樣，實際上有其善良之處，具有容易被人拍了馬屁就得意忘形的特徵。

愛賭博

這種性情產生出了許多我在序言部分提過的、包含國定忠治及大前田英五郎等著名「俠客」在內的所謂「上州無宿」[3]。不過更關鍵的其實是，此縣一度處於被三百多個小藩分割，在天領、大名領、旗本領等如馬賽克拼貼而成的政治體系下，幾乎無法有效地維持治安，就算被通緝，只要逃到隔壁的領地去，官人就沒轍了。國定忠治等日本最知名的「俠客」之所以誕生於此，原因就在這裡。

而依據此地民俗研究者萩原進的說法，江戶末期的無宿者以上州最多，理由除了有剛剛提到的特殊領地體系及豪氣干雲的性格等因素外，還有一點是當製絲、紡織業隨著江戶的發展，而於鄰近江戶的此地興盛起來，經濟方面變得相當富裕的關係。再加上上州的交通發達，宿場也發達，還有非常多包括草津、伊香保等溫泉地在內的遊山玩水好去處，導致賭博在這些地方興盛起來。

現在的群馬縣人還是好賭。群馬不僅是全日本數一數二的柏青哥王國，更有賽馬、自行車競輪、競艇、賽車[4]等，各式各樣的賭博場所一應俱全。

另外，群馬縣的電車、公車等大眾運輸不太發達，故相對於人口數的家用汽車數量比例是全日本最高，一般的農家一戶往往就有五、六台車。另外，由於日本全國各地的農家很多都是全家只有婆婆沒汽車駕照，故要去市區購物時，就必須看媳婦的臉色，得要請媳婦接送才行。像這種婆媳關係逆轉的現象並不少見。或許正是因為群馬縣民特別倚賴家用車代步，所以才讓上述現象變得特別明顯也說不定。

何謂「女人當家」？

最後再來談談所謂「女人當家」的部分。由於這講法稍微帶有揶揄的味道，故縣民本身對此的反應也顯得有些複雜。這說法似乎讓年輕女性有點排斥，有些人會抗議說這樣聽起來好像上州女人各個都愛掌權、喜歡濫用權力，感覺不太好。而男性這方卻意外地沒什麼人抗議，有位群馬出身的男性就表示「這聽起來像是說群馬沒有大男人主義，家裡都很民主，我覺得算是一種稱讚吧。」採取這種看法的似乎挺多。

關於此說法的由來及起源，在群馬當地已有許多相關書籍出版，例如民俗研究者齋藤

3 江戶時代的平民百姓因犯罪或貧窮等理由而居無定所並被除去戶籍者，稱做「無宿」。
4 此為日本的四種公營賭博競技。

長五郎便於其著作《女人當家與上州女》（高崎市婦人團體聯合會）中如此寫道：

「上州因製絲、紡織業的發達，使得女性的經濟能力格外強大，於是造成女性講話比較大聲、比較有影響力，但這決不是『擺臭架子的大女人』，這和其他地區專制封建的父權家族相比，是極為民主的，群馬的男性反而是樂於接受，與外人那種揶揄的想法有很大的不同。」

我自己的觀察也和這段說明相符。而德富蘇峰在明治二十二年（一八八九）於雜誌《西毛時事》上描述上州氣質時也曾提到「上州可說是將男女平權實行得最好的一個地方了」。

埼玉縣人

埼玉縣出身的名人：澀澤榮一、茂木健一郎、宮脇俊三、北村薰、森村誠一、中野翠、折原一、金子兜太、蜷川幸雄、久米宏、所喬治、萩原健一、佐藤優、若田光一、尾崎豐、本木雅弘、菅野美穗、竹內結子、石川遼

埼玉蕃薯論

人們常說，埼玉就像蕃薯。不僅整個縣的形狀像，更重要的是，蕃薯那種不怎麼鮮明的味道真是太符合埼玉了。「非常樸實又土裡土氣，但沒人會討厭它」——這樣的蕃薯風格，似乎就直接成了用來形容埼玉縣民性的詞彙。也就是說，由埼玉縣民自己點出的特色是平凡而單純，說得好聽點是溫和，說得難聽點就是不夠積極。此外也有人說「沒特色就是埼玉的特色」，倒是意外地說到重點了。

在《現代用語之基礎知識》（自由國民社）的昭和六十年（一九八五）版中，「俗埼玉」一詞被列為當時流行的年輕人用語之一，而其說明為「難登大雅之堂的埼玉縣。是在縣名前面多加個『俗』（ださい，土裡土氣）字而成，由藝人塔摩利帶起流行。」

埼玉和群馬、茨城一樣，在江戶時代處於小藩分立的狀態，不過這裡的一大特色是台地與低地占整體的約三分之二，地理學家新井壽郎指出，這就是所謂的平坦性。因此自從江戶成為大都市以來，埼玉就以其腹地之姿持續開發，雖然在產業面及文化面與江戶的關係日益緊密，卻也因而沒能建立出任何屬於自己的特色，就這樣持續至今。其縣廳所在地的浦和市過去也曾是個小小的宿場町[5]。明治維新後，少見地以舊的町制直接成為縣廳所在地，接著過了很久、直到昭和九年（一九三四）才改為現在的市制。至今人們依舊一致認為，浦和市的性格實在是不怎麼鮮明。

沒有中心的縣

每個縣都有所謂的中心都市，在經濟、文化層面上都具有核心機能，可說是一個縣的門面。然而埼玉縣的縣廳所在地浦和市雖為行政中心，卻不具有門面的作用，甚至反而削弱了埼玉給人的印象。

5 具驛站、休息站功能的城鎮。

原為城下町的川越、岩槻都沒什麼發展，大宮及浦和以前也都是宿場町，所以沒什麼特色。不論怎麼看，埼玉縣給人的印象就是很模糊。於是為了建立出可成為埼玉門面的大都市，便有了合併浦和、大宮、與野這三市的「埼玉市」誕生。

此外埼玉的秩父山地是唯一和該縣其他區域很不一樣的地方，平地稀少又寒冷的風土孕育出質樸但卻暴躁的獨特秩父脾氣。明治十七年（一八八四），在全球經濟恐慌、農民生活困苦之時，由當地民眾集結成的秩父困民黨發動起義，襲擊政府機構、警察單位及高利貸等，勇名威震全國。

而與此秩父在許多方面都呈現對比的，是鄰接東京的埼玉南部，和東京之間只有整片廣闊的平原，由於毫無障礙相隔，明治時代以後隨著交通網的日益發達，與東京間的關係也變得越來越緊密。

尤其到了昭和三〇年代後半的高度經濟成長期，來自京濱地帶[6]的移入人口大增，讓埼玉縣的人口從昭和三十五年（一九六〇）二百四十萬，在之後的二十年內達到兩倍以上的五百萬人，成長率可謂日本全國最高。還有平成二年至七年（一九九〇～一九九五）的五年間，人口成長率為百分之五．五，也是全國最高。

埼玉都民

這樣的人口快速增長，導致其每十萬人口所對應的醫院病床數為全國最低等等，在其他社會福利方面衍生出諸多問題。此外，這些移入者多半都是通勤往來東京的人，眼睛總是望向東京，故也因此誕生出「埼玉都民」[7]這一新詞。順便補充一下，需通勤、通學的埼玉縣民每人平均花費的交通時間為一・一小時，是居日本全國之冠。

不過這種「埼玉都民」的急速增長，還造成了另一不可忽視的埼玉縣特徵，那就是六十五歲以上人口相對於全縣人口的比例變得極少，數據一直維持在全國最低狀態。

而被認為可能與此現象在某個程度上有關的，就是其縣民意識特徵。在NHK放送文化研究所的全國縣民意識調查中，對「你認為就算壓抑自己，也該要聽從長輩說的話嗎？」一問表示肯定的比例，在一九七八年以埼玉縣為全國最低（一九九六年則為倒數第二），看來較不保守應可算是埼玉縣的特色之一。另外，在該縣民意識調查中，對「你喜歡自己的縣嗎？」一問回答「是」的人數比例，埼玉縣不論在一九七八年還是一九九六年，都為全國最少的。

6 以東京的大田區，及神奈川縣之川崎市、橫濱市為中心，範圍包括東京都、神奈川縣、埼玉縣的工業地區。
7 埼玉為「縣」，東京為「都」，合併了埼玉縣民與東京都民之性質者，便是「埼玉都民」。

千葉縣人

千葉縣出身的名人：
濱田幸一、野田佳彥、志位和夫、長嶋茂雄、掛布雅之、高橋治、本宮宏志、東山千榮子、山崎努、高橋英樹、竹脇無我、瀧田榮、市原悅子、永島敏行、伊坂幸太郎、菊地成孔、倉木麻衣、前田敦子

「上總奉公」之地

千葉也在江戶時代被許多小藩與天領所細分，其中最大的是八萬石的佐倉藩。這樣的歷史背景使得此地鄉土意識薄弱，再加上都是小藩，所以各地都沒能培育出鮮明的傳統，無法形成可稱得上是縣民性的特色，這部分可說是和埼玉縣相當類似。

據歷史學家小笠原長和表示，歷史因素所呈現出的此地居民特色為保守、穩健、質樸且重道義，生活態度看似散漫實則仔細，一般來說還算勤奮，但努力過人者不算多，偏好追隨強者，不喜理性主義。據說曾出過不少器宇軒昂且甚具計畫性的人物。

其中特別值得注意的是江戶時代後期的一項特性，當時日本全國各地都不斷發生農民起義抗爭的事件，房總[8]卻極少發生農民起義，幾乎可說是沒有。雖然著名的佐倉宗吾事件[9]是發生於此，但畢竟該事件還無法被確認為史實，實際上房總的普遍氣氛依舊處於對上頭感激涕零的「感謝大人恩澤」狀態。換言之，這亦可視為是剛剛所提及之保守、穩健特質的展現。過去曾有所謂「上總奉公」的說法，在這裡不論是哪個村莊，都習慣讓第二、第三個兒子和女兒們去江戶奉公[10]。男生就去武士的豪宅或商家做小學徒，女生則去做女僕，而這種習慣似乎一直延續至近代，順應體制的觀念很可能也因此有所強化。

寫於戰國時代且據說為武田信玄愛書之一的《人國記》，描述了日本全國各藩的人民氣質特徵，相當有名，而據此書所述，安房[11]的人脾氣壞又缺乏協調性，日常行為也明顯有固執且粗魯之處。上總[12]的人也大致如此，乖僻偏執的特質明顯，性格衝動。就像這樣，在戰國時代這些鮮明的特性處處可見，但到了江戶時代卻有了很大變化，明明過去很魯莽躁進，後來卻變得極為順從，成了「感謝大人恩澤」般的性格。原因就在於此處距離

8 指房總半島地區，千葉縣的大部分土地都位於此半島。其名稱來自古時的安房、上總與下總三國。

9 承應元年（一六五二）由於佐倉藩主施行暴政，佐倉宗吾為拯救為歉收和重稅所苦的農民，直接向將軍德川家綱上訴，最後雖成功拯救了農民，佐倉宗吾卻也犧牲了性命。此傳說後改編為歌舞伎劇目，因而廣為人知。

10 做服侍主人或跟隨師傅學藝的工作。

11 為古國名，相當於今日千葉縣的南部。

12 為古國名，相當於今日千葉縣的中南部，後來南部被獨立為安房國。

江戶幕府的大本營實在太近，而「上總奉公」的習慣亦是由此產生。

出身於房州[13]者中，最知名的應該就屬伊能忠敬（一七四五～一八一八）了吧。他入贅至下總國佐原村（現在的佐原市）的豪門——伊能家為女婿，除了經營造酒業外，也進行米糧、薪柴等的買賣，此外還曾以名主[14]身分，於飢荒時捐出個人財產來幫助難民，因此獲得了「苗字帶刀」[15]的資格。五十歲時，他將家業交給長子，接著便前往江戶跟隨當時知名的曆法學大師高橋至時，花費數年時間學習天文、曆法、測量術等。之後更以蝦夷地（北海道）為首，展開了為期十七年的全日本測量行動，伊能忠敬最後因繪製出日本最早的準確地圖而廣為人知。不過認真想想，正是因為出身於離江戶極近的此地，他才得以在江戶學習這些知識呢。

海女與女人當家

在此也該留意一下千葉的漁村所具有的各種特色。首先是九十九里濱，這裡是日本最具代表性的地曳網漁業大本營，自古捕撈鯖魚、沙丁魚等魚類，以網主（船主）為中心的主從關係，似乎具有相當濃厚的封建色彩。

與此同樣廣為人知的還有所謂的「海女」。三重縣的志摩半島、靜岡縣的伊豆半島，以及千葉這裡的安房郡、夷隅郡，可謂海女的三大中心地。海女潛水以捕撈鮑魚、蠑螺、石花菜等，而海女身負的最主要共通使命之一，就是讓女性握有經濟實權，進而具有強力的發言權，這點與群馬的女性相同，因此這一帶亦存在「房州名物，女人當家吹西風」的說法。雖然近來選擇移往都市的年輕女性越來越多，不過在房州，就我所見，於學校游泳社練游泳的年輕女孩們似乎有不少都對海女一職有所憧憬。據說海女的技術最早是從韓國的濟州島傳入。

另外在討論千葉縣之縣民性時，非常值得注意的是在NHK放送文化研究所的全國縣民意識調查中，針對「說謊騙人」、「除夫妻以外的性行為」以及「賭博」這三件事，詢問「你是否覺得這是無論如何都不可原諒的壞事？」結果千葉在一九九六年對這三者回答「是」的比例都是全國最低，可見寬宏大量的觀念是千葉縣民的特徵之一。還有這裡對於「在家庭生活中，與其每個人各自做自己喜歡的事，你更重視家人的團聚嗎？」一問做出

13 安房國之別名。
14 古時擁有田地需負責上貢糧食的大地主。
15 江戶時代一種身分地位的代表。「苗字」是指可公開稱呼家族姓氏，「帶刀」則是指可公開攜帶刀劍等武器。

肯定答案的比例也是全國最低，足見其尊重個體之傾向強烈。不過在一九七八年的調查裡，千葉對這四題回答「是」的比例都略高一些，故可推測在這兩次調查期間，當地的觀念應是有所改變才對。

最後，對於「你喜歡自己的縣嗎？」一問回答「是」的人數比例，千葉不論在一九七八年還是一九九六年都緊接於埼玉縣之後，位居倒數第二。

東京人

東京都出身的名人：
吉田茂、安倍晉三、鳩田由紀夫、渡邊恒雄、橋下徹、堤清二、王貞治、松坂大輔、倉本聰、星新一、東浩紀、吉村昭、椎名誠、東海林禎雄、田中康夫、吉本芭娜娜、黑柳徹子、關口宏、萩本欽一、北野武、高田純次、桃井薰、吉永小百合、山口百惠、松任谷由實、宮澤理惠、宮崎駿、押井守、秋元康、三谷幸喜、秋山豐寬

始自江戶時代的大都市

江戶的建設是從室町中期來到此地建立江戶城的太田道灌開始，而其發展成一大都市的主因，當然就是德川家康於此開設了幕府。幕府設立後不到百年，十七世紀末的元祿年間人口便已達到一百萬。當時倫敦的人口才八十萬，巴黎也才五十萬，紐約甚至都還不到六萬，可見那時江戶就已成為世界最大都市了。

這樣的人口激增現象，和幕府的中央集權制，尤其是和參勤交代制有很大關係，大名的家臣團因此被迫常駐於江戶。而依據幕末的記錄，光是這些駐守的武士就有約二十萬人，再加上商人、職人等約一百三十萬，總計高達一百五十萬人。

此情況下，身為統治階級的各地大名及家臣團等，將全國的剩餘產物（年貢）[16]在當時的經濟中心大坂換成現金，並運至江戶以供消費。據說全國消費年總額的三到五成都是在江戶花掉的。就這樣，江戶成了那時日本的消費中心，商人與職人的數量遽增。再加上關東及東北地方的眾多貧農流入，以致於出現類似「江戶是全國垃圾場」之類的批評，不過所謂的「江戶子」性格，亦是以此情況為背景所形成的。

何謂「江戶子」？

據日本國文學者濱田義一郎的說法，「江戶子」一詞誕生於十八世紀後半，也就是進入江戶中期以後的事，一般認為這是因為江戶時代已擁有一百五十年的歷史，這時候土生土長的江戶人之間已產生出同伴意識。雖然在此之前也曾出現過「江戶者」一詞，但指的是所有「住在江戶的人」，相對於這一廣泛、綜合性的稱呼，「江戶子」則只用於指稱徹底「土生土長於江戶」，且還必須是連續三代皆如此的人。而這個名稱的出現，無非是因為

16 由耕種者每年上貢給領主的米糧等農產品。

江戶誕生後一百五十年，已開始有人連續三代都居住於此的關係。

江戶子的首要特色，源自江戶為消費大城這一事實。江戶最大的消費族群是武士，而商人們使出渾身解數競相推銷，誰能夠成功取得幕府御用商人之特權，誰就占了上風。於是，為了在這樣的銷售大戰中勝出，他們的腦筋就動得很快，人變得很沒耐性，並將悠然的態度視為愚蠢。

江戶的商人為了賣東西，甚至不惜使出招待、給回扣等手段，為達目的花錢如流水，不太會想到存錢之類的事。再加上平常往來的對象都是鄙視金錢的武士，受他們的態度所影響，導致江戶子之間出現「財不過夜」的風氣，藉以賣弄自己的「慷慨闊氣」。不過會炫耀自己「財不過夜」的多半屬於江戶子中的職人工匠，而町人似乎還是會存錢，懂得當省則省，只會在引人注目的情況下一擲千金。

象徵此種誇張消費方式的例子之一，就是競相搶食舊曆四月時（相當於現今五月，所謂「滿眼皆綠葉，山中開杜鵑」的時候）隨黑潮北上而被捕獲並送達魚市場的第一批江戶近海鰹魚，亦即所謂的「初鰹」。由於數量有限，所以價格高昂。其中幾條會直接被送往將軍家獻給將軍，而商人們與其說是為了美味，實際上裝闊的成分更高。他們炫耀的對象為武士，畢竟貧窮的武士絕對吃不到這種東西，因此町人就靠著這樣大肆展示經濟能力，藉以獲得滿足。有時甚至還會乘船沿著秘密航線出海，試圖搶著比將軍更早取得初鰹。

此外，來自武士階級的影響並不僅限於金錢觀念，重視義理人情亦是其中之一。捨生取義及一旦受人恩惠必定終身不忘等風氣，不僅成了江戶商人的風範，更形成了豪爽的職人氣概核心。

如此看來，一方面就如「初鰹」所象徵的，商人們心理雖然很看不起武士，但另一方面卻又想成為御用商人以獲得名譽與地位，心態十分矛盾。結果其真實情感便是去認同具統治者地位的高階武士，徹底地瞧不起鄉下人或出身鄉下地方的武士。一般認為這樣的態度一直到明治時代之後，甚至到了現在，都還強烈地留存於東京人身上。

山手與下町

進入明治時代，自從薩摩、長州與土佐等的武士以新的東京統治者之姿登場後，此地便形成了山手與下町兩個對立區域。這兩個名稱都是從江戶時代開始就存在，山手為武家居住的地區，下町則為町人居住的地方。而進入明治時代後，山手是官吏、軍人的區域，下町則是商人和職人的地方。後來繼續隨著時代變遷，前者變得帶有知識分子的色彩，後者則不具知識分子色彩，同樣都位於東京內，卻發展成了兩種不同性質的文化圈。雖然昭和一〇年代時發展出了近郊住宅區，不過二次大戰後山手、下町和近郊的分界便開始逐漸模糊，各區之間的人口移動也相當顯著。

儘管如此，在下町長大的人們依舊重視自江戶時代流傳下來的義理人情，除了有氣度外，亦有其俠義豪爽之處。相對於此，山手的人反而很討厭這種風格，其理性主義、個人主義的傾向較強烈，很多時候還伴隨著菁英意識。就像這樣，兩者之間存在著相當大的性格差異，故雖同在東京，兩者間的關係卻未必融洽呢。

神奈川縣人

神奈川縣出身的名人：
小泉純一郎、河野洋平、安東尼奧・豬木、東山魁夷、黛敏郎、野坂昭如、養老孟司、隈研吾、角田光代、加山雄三、美空雲雀、桑田佳祐、近藤真彥、小泉今日子、淺野忠信、織田裕二、Becky、井上真央、成海璃子、剛力彩芽、杉山愛

都會型的縣

相對於千葉和埼玉都具有衛星城市與並非如此的區域，只有神奈川處處皆為開闊的都會，可說是在其他縣看不到的顯著特色。實際上，箱根國家公園和包含丹澤山地在內的丹澤大山國家公園都隸屬於此神奈川縣，不論是乘坐ＪＲ還是私鐵通過此地，即使電車是從東京開來，於車窗所見的一直都是無止盡的都會風光。這與一旦稍微離開東京，鄉間風景便會在車窗外蔓延開來的其他縣真的很不一樣。

全縣的核心是突出於海中的三浦半島，有鎌倉、逗子、橫須賀、三浦等四個都市位於沿岸。其中橫須賀曾在幕末時設立有幕府的洋式造船所，進入明治時代後成為日本海軍的軍港，二戰後則變成美國海軍與自衛隊之基地。

而鎌倉是從十二世紀末起，當源賴朝以此為幕府根據地，成為征夷大將軍後，便以日本的政治中心之姿繁榮發展，接著室町幕府雖把負責輔佐將軍的所謂「管領」設置於此，但後來卻因戰亂完全失去軍事及政治上的重要性。不過此處有以鶴岡八幡宮為首的諸多神社佛寺存在，故作為一中世史蹟都市，觀光客總是絡繹不絕。在此推薦由比濱、七里濱、江之島等的著名海水浴場、別墅區。另外逗子亦屬於海水浴場、別墅區，三浦則為水產、觀光都市。

除了上述的四個都市外，三浦郡葉山町不僅是海水浴場、別墅區，還是高級住宅區，更以葉山御用地(皇室別邸)的所在地而聞名，與須崎、那須齊名。這些地方的人絕大多數都通勤往來東京，故受東京文化的影響極大。

由三浦半島西部延伸至伊豆半島根部附近的神奈川海岸地帶，一般稱做「湘南」，意思是相模的南部。除了前述那些外，這裡還有藤澤、茅崎、平塚、小田原等都市存在。這點與乍看和神奈川類似的兵庫縣很不一樣，兵庫縣的中心神戶是與橫濱並駕齊驅的日本最大國際貿易港口，故許多人都容易誤會整個兵庫縣也和神奈川縣很像，但其實兵庫的地理位置是從神戶起一直往北，經過古時被稱做丹波國的地區，到達日本海。換言之，兵庫縣不僅有包括神戶等各都市的瀨戶內海沿岸地區，還有被山地包圍的丹波地方，以及冬天為

積雪所覆蓋的日本海沿岸地方，這部分和神奈川縣可說是差異甚大。

講求合理的性格

由此可知，神奈川算是全日本最都市化、最具都會感的一個縣，而其縣民性似乎也具有非常大的特色。在我所收集的資料中，已提過多次的NHK放送文化研究所於一九七八所進行的全國縣民意識調查，可說是最清楚地呈現了這部分。

對於「和人的往來交際不要太深入較好」的意見，神奈川縣民表示贊同的比例為全國最高，而對「神也好佛也罷，總之希望能有個心靈上的寄託」、「最好遵循國家或政府部門所實行的政策」、「想支持經常照顧本地需求的政治家」和「就算生活無虞也想工作」這四者，表示贊同的比例都為全國最低。還有對「你自認是神奈川縣人嗎？」、「在職場或工作上有往來的人之中，值得信賴的人多嗎？」和「你認為天皇是值得尊敬的嗎？」這三題提出肯定答案的比例都是全國倒數第二低，另外對「你會想積極參與本地的活動或祭典嗎？」、「你與附近鄰居的互動多嗎？」、「在附近鄰居之中，值得信賴的人多嗎？」及「你對於在職場或工作、生意上有往來的人，是否也有不少除了工作以外的往來？」這四題提出肯定答案的比例則是倒數第三。

總之都會性格極為強烈，永遠以尊重個體為核心觀念，對任何事情都講究合理性等，就是神奈川縣民的思考特徵。而此特質又格外適用於被稱做「濱子」的橫濱市民身上。面對外人也不太有封閉意識，此外還很民主，或者說是面面俱到，往往傾向於賦予所有人平等的機會。有個從德島縣來到橫濱工作的女老師就舉了以下例子：

「這裡有所謂的縣立技職高中，是一種將職業訓練學校升格為高中的做法，唸兩年後便可就業，接下來的兩年則以夜校形式上課。這是為了讓成績不好的學生也能繼續唸書。還有，橫濱人很擅長社交，給人很懂得提出折衷方案的印象。」

這樣的公正開朗可說是神奈川縣民的優點，但就因為受惠於良好的氣候，再加上開放的風土民情，所以不太具競爭性也沒什麼耐力。而如此的成也民主敗也民主正是此縣特徵。

最後，根據神崎彰利等人所寫的《神奈川縣的歷史》（山川出版社）一書，在江戶時代，這裡是由相模國與武藏國所構成。其中相模國幾乎都為旗本領[17]，村落官吏及上層農民的女兒通常都會被送到江戶的旗本宅邸去學習禮儀作法或服侍主人，但也有一些情況會因經濟

17「旗本」是江戶時代直屬於德川家的家臣，而「旗本領」就是隸屬於該階級武士之地。

上的理由，而送往江戶的商人家幫傭，這部分和千葉縣非常類似。據說這就是此處自古以來即有所謂「相模女」、「相模出女」等詞彙的來由。

北陸地方的性格診斷

新潟縣人
富山縣人
石川縣人
福井縣人

新潟縣人

新潟縣出身的名人：
山本五十六、北一輝、田中角榮、小和田恆、會津八一、坂口安吾、櫻井良子、巨人馬場、川合俊一、齋藤美奈子、高橋留美子、小林幸子、樋口可南子、三田村邦彥、小林麻央

在東京經營澡堂和豆腐店的，不知為何很多都來自新潟

新潟縣人除了性格樸素又堅韌頑強外，還很專心致志。而這樣的性格一旦與職業結合，似乎就成了公共澡堂或豆腐店。

昭和四〇年代，在東京各處還有很多錢湯存在的時代，據說都內二千七百間的錢湯中，有一千二百間是由新潟縣人所經營，比例超過百分之四十。

而約莫同一時期，在都內共三千家左右的豆腐店中，則據說有百分之六十是由新潟縣出身的第一代或第二代所經營。

故以東京來說，新潟縣同鄉會與公共澡堂和豆腐店的同業公會重疊，大幅凌駕其他縣的同鄉會，成了最有力的群體。不論住在全國的何處，該縣縣民之間的合作、互助力都極為強大。尤其新潟縣一旦出了內閣等級的官員，所有人就會團結一致地加以推舉並給予強力支持，來自新潟的田中角榮就是這樣登上了政治的頂峰。

澡堂和豆腐店，兩者都是既樸素又單調的工作。雖有澡堂關得晚，豆腐店開得早的差異，但都屬於勞力密集卻利潤微薄的行業，而且還是每日生活必不可少的。他們對穩定踏實的追求遠甚於新穎有趣。

雖說收進來的都是小錢，但仍是實實在在的現金收入，優點就在於人數不用多，只要一家子的人手便能獨立經營。這點和專心致志的新潟人性格還挺合的，可不是嗎？

而要能持續經營這種儉樸的生意，金錢觀念就必須很嚴謹，既不能冒險，也不能亂花錢。換言之，新潟縣人以勤奮努力地不斷累積的類型居多。

重實益甚於名氣的新潟縣人

新潟縣人屬於重實益甚於名氣的類型，而教育就是其中一個很好的例子。

長野縣的小學就學率在明治初年位居日本全國第一，但隔壁的新潟縣卻是吊車尾的最後一名。從明治九年（一八七六）的統計資料看來，相對於長野百分之六十三．二的就學率，新潟卻只有不到百分之五。

這種對教育不太熱衷的傾向之後仍持續不變，例如新潟設立縣立短期大學是在昭和三十八年（一九六三）時，這是除北海道外，府立及縣立短大中最晚設置的一個。此外觀察最近的大學入學率也會發現，新潟縣同樣是敬陪末座。和隔壁的富山縣相比實在是有夠低。

實際上就有新潟縣出身的學生在報告中如此寫道：

「有句俗語說，新潟養不出男孩與杉樹。所謂養不出男孩，是指新潟縣沒出過什麼創造歷史的大人物。」

即使進了大學，出身新潟縣者也很少有人夢想著要出人頭地，他們總是徹底地穩健踏實。說得難聽點就是土裡土氣、缺乏男人魅力，但卻是會為家人拚命工作的模範老公。

勤奮而低調

讀賣新聞社的新潟分社曾以「新潟美人」為題，做了一系列關於新潟女性的報導，其中有一句話是這麼寫的：

「新潟女性真的很熱衷於有用的東西，但或許對沒用的東西再多點熱忱也好啊。」

其實這點並不僅限於女性，可說是新潟縣人整體的共通特質。例如工會的信越地方總部召開會議時，據說長野包括女性在內，討論起來總會有話直說，但相對於此，新潟人通常都不太發表意見。

所以該說新潟縣人很消極嗎？絕對不是。他們在工作時非常積極，即使是不引人注目的枯燥作業也不會嫌棄，總會默默完成。甚至反而是低調不顯眼的工作，比較能激起他們的鬥志。

像這樣的新潟縣人性格，在商業社會中是很不利的。勤奮但過於低調，因此很難獲得好評。

在會議等場合也鮮少發言，多半都是安靜地聽別人講話。不過對於已經決定好的事就會忠實履行。這世上光說不練的人多不勝數，而新潟縣人可說是完全相反的類型。

專情的新潟女性

新潟縣出身的護士人數自明治時代以來一直都位居全國前幾名。護士雖是社會上的重要工作，但勞動條件嚴苛，考取資格也相當費時，故以此為志的女性絕非多數。

儘管如此，新潟出身的女性卻總是在這方面名列前茅，其縣民性可說是於此表露無遺。另外新潟的女性在旅館從業人員、家庭幫傭、電子產業工廠作業員等領域也相當受到重視。

她們性格溫順，能夠很有耐性地完成一件事。這點不論在職場上還是戀愛方面皆然。舉凡倒茶及收拾整理等都做得很習慣、自然，被要求加班也不會拒絕。一旦愛上一個男人，往往就此從一而終。約會時不太有自己的意見，總是以男方的立場思考。一言以蔽之就是屬於夫唱婦隨的類型。

最後我還想要再補充一點，由此縣西南部臨日本海的糸魚川市延伸至靜岡縣富士川之間，有名為「Fossa magna」的大地塹帶。此地塹帶於史前時代起便截斷了東西向的交通，導致東西的文化交流斷裂於此，方言也以此為界，大致分為東日本方言與西日本方言。其他還有不少風俗習慣亦是由此劃分東西，因此在思考縣民性時必須注意到這點。

富山縣人

富山縣出身的名人：
正力松太郎、瀨島龍三、角川源義、堀田善衛、久世光彥、小谷真理、上野千鶴子、立川志之輔、野際陽子、風吹純、西村雅彥、室井滋、藤子・F・不二雄、藤子不二雄 、木村剛、田中耕一

總是孜孜矻矻地勤奮工作

「不喝酒不賭博，拚命工作、努力存錢的勤奮者典範。」

這是一般社會大眾認知中的富山縣縣民性。隔壁的新潟縣雖然也很勤奮，但當新潟人評論富山人時，他們仍會很佩服地表示「總之就是有夠勤奮的」。

富山縣人之所以會被評為如此勤奮的一群人，就如我在序言中提過的，來自淨土真宗的影響很大。再加上富山藩與隔壁有加賀百萬石之稱的石川縣相比，只有區區十萬石，而且還剝削嚴重、常有寒害。富山縣人超群的勤勉習性似乎就是在這樣的經濟條件下培養出來的。

富山縣人的團結力也很強，尤其是女性，而且還很擅長操持家計，經濟觀念相當進步。大正時代中期擴及全日本的「米騷動」[1]便是始於富山縣的魚津，而這也可歸因於漁村婦女們的團結力及行動力。

只不過這樣強大的團結力有時亦會表現為強烈的戒心，富山其實是個十分排外的地方。有個來自富山縣的女學生便在她的報告中如此寫道：

「我父親並非土生土長的富山人，他來自關東，本想在搬到富山後繼續做以前推銷圖書的工作，但卻因為講話太彬彬有禮，反而讓很多人對他產生戒心。」

如此的風土民情難免留存有相當多保守的部分。據說這位女學生當初確定要到東京唸大學時，便被街坊鄰居閒言閒語地批評說「竟然敢讓女孩子自己一個人去東京，真不知在想什麼」。

「賣藥郎」的信用就是其財產

說到富山，很多人都會想到「越中富山的賣藥郎」。這是一種出現在江戶時代初期，

1 一九一八年，大正七年時因稻米價格暴漲所導致的暴動。

先提供商品，之後再針對用掉的分量收取費用的商業模式。據說至今全日本仍有一萬七千名這樣的賣藥郎在四處銷售呢。

賣藥是相當穩健而長期的生意。信用很重要。這點非常符合謹慎樸實、努力型的富山縣人，在陌生的土地上挨家挨戶地四處推銷，那種辛苦肯定非比尋常。

不過一旦建立起信用，獲得了顧客的信賴，商品就能穩定持續地銷售。據說如此累積而成的顧客名冊（稱作「帳簿」），一冊便價值數千萬日圓，對富山縣的人來說，這就是如此價值非凡的玩意兒。

富山縣人這種會花很長時間做前期投資的性格，也表現在對教育的熱忱上。富山縣的高中入學率為全日本第一，大學入學率亦在十幾名之譜，而最大的特色是該縣從公立高中考上東京大學的學生比率非常高。看來富山縣人不只是工作勤奮，就連唸書也很認真。

其縣廳所在的富山市內，咖啡廳非常少。原因在於那裡的人並沒有在午休時或下班後去咖啡廳坐一坐的習慣，實際在富山縣廳工作的人是如此說敘述的：

「石川縣的金澤畢竟是觀光地，而且石川縣廳的人下班後也常會去咖啡廳坐坐。可是富山縣廳的人總是一下班就閃人了。」

正因為縣民性如此，他們會盡量避免和工作無關的交際往來。下班後和同事去喝點小酒或是去喝杯茶，這些「浪費時間」的事都不太會做。甚至連邀請訪客或客戶到咖啡廳去喝咖啡聊是非，都不太常見。因為他們覺得，與工作有關的話在職場上講就行了，若只是要邊喝茶邊講一些不著邊際的閒話，那還不如再去完成一項工作會有效率得多。

不容外遇的地方氛圍

富山縣人乍看溫順，但其實骨子裡是很固執、好強的。

在NHK放送文化研究所於一九七八年所做的全國縣民意識調查中，對「當今世上都只剩下沒實力的人，真是令人覺得無奈」這一意見表示贊同的比例，富山縣高居全國第一，這著實讓人充分感受到富山縣人重視實際成果、功績的實力主義觀念。此外在同一調查中，富山縣對「為了公共利益，個人的權利免不了會受到一些限制」及「除夫妻以外的性行為是無論如何都不可原諒的壞事」這兩者表示贊同的比例，都是全國第二高，由此可見其重視公眾和不容外遇的嚴格面。

這樣的富山縣縣民性可在工商業界充分發揮其實力。富山縣出身的財經界人士和實業家相當多，但明星、藝人等卻很少，足見其務實保守的縣民性亦明顯表現在職業觀上。

在商業社會中，堅韌不服輸的富山縣人也能夠一步一步慢慢熬出頭。因為不論在哪個領域，認同實力主義的性格都絕不可能在工作上半途而廢。就算真覺得自己的實力不如他人，富山縣人依舊會繼續撐下去。

富山縣的人，即使是女性也很勤奮工作，且其傳統道德觀比男性更強烈。談戀愛也有她們自律的一面，不會只以相貌來評斷男性，非常地一本正經。

而一旦結婚就變得能幹又能忍，是會對孩子的教育很認真的妻子，可讓丈夫安心地託付家庭。換言之，就是非常適合富山縣男人的好老婆。

石川縣人

一個公務員很受歡迎的地方

石川縣出身的名人：鈴木大拙、西田幾多郎、奧田敬和、森喜朗、志方俊之、松井秀喜、松本薰、深田久彌、唯川惠、永井豪、吉田日出子、鹿賀丈史、泉鏡花、室生犀星、本谷有希子、桐野夏生

在NHK放送文化研究所的全國縣民意識調查中，對於「即使原本有該堅持之處，但當情況不利於己時，你通常會選擇默不作聲嗎？」一問，於一九九六年回答「是」的人數比例，石川縣為全國最高。而感覺與此調查結果一脈相承的此縣特性，正是公務員的地位非常高這點。在金澤市內喝酒時，據說若是於市役所或縣廳工作的公務員，就算是第一次去消費，店家也會接受賒帳。當地的人也都承認確有此事。

江戶時代，在最大的外樣大名[2]前田家的加賀百萬石之地，文化的主角並不是町人，而是武士。這點和大坂及京都、江戶等很不一樣。

江戶和大坂的町人表面上對武士鞠躬哈腰，背地裡其實是很瞧不起他們的。但金澤的町人卻是打從心底尊敬武士。

石川縣是輪島塗[3]及九谷燒[4]等日本傳統工藝的聖地。而且自古以來就有「一到加賀，便有謠曲從天而降」的說法，這是因為就連修屋頂的工人或園藝師傅都能哼上一段能樂的謠曲，這無非是受到以能樂為嗜好的武士之影響。

這些打從心底尊敬武士的町人，對利益（金錢）採取淡薄態度，並以培養不亞於武士的教養為往來之基本條件。像這樣的歷史背景，可說是造就了石川縣人溫和優雅且容易屈服於權勢的性格。

來自「金澤商人」財產三分法的寬裕

從大正至昭和年間，金澤市內的「無職業者」占了全體市民的近百分之二十。所謂的無職業者，是指沒有固定工作，光靠利息或財產就能過日子的人，其社會地位反而比有職

2 原本非德川家之家臣，是於關原之戰後臣服德川氏的諸侯。
3 源自於石川縣輪島市的一種漆器。
4 生產於石川縣南部之金澤市、小松市、加賀市及能美市等的彩瓷。

業的人還高。

這些人之所以能這樣生活，原因就在於從藩政時代傳下來的金澤商人財產三分法。也就是將所有財產的三分之一投資於古董及藝術品等、三分之一投資於不動產，最後剩下的三分之一則作為經商資本的做法。這說得好聽是穩健，但卻有過度溫吞之嫌，只能說他們其實具有缺乏積極態度的一面。

而石川縣出身的藝術品商人非常多，美術工藝方面的人才也很豐富，獲頒文化勳章[5]的人數僅次於東京、京都。

這樣的傳統培育出了石川縣民在心靈上的富足。例如回答對目前生活感到滿意的縣民比例，石川縣是全日本最高的。此外，覺得不論國家政治如何變化都跟自己的生活無關的人也很多。

石川縣人的這種縣民性，正因為少了不惜排擠他人的積極態度，故在商場上很容易落於人後。簡單說就是屬於人還滿好的少爺類型，雖不至於被同事或上司討厭，但不太受大家信賴。不過他本人也並不介意，每天都過著悠閒輕鬆的安穩日子。

對性行為意外地嚴謹

據說有個石川縣出身的學生在翻閱同鄉會名冊、看到興趣欄時，又再次深刻地感受到了加賀百萬石的傳統。

因為處處可見「謠曲、吟詩、俳句、能劇、尺八[6]、茶道、古美術、陶器、常磐津[7]」等詞彙。

如此溫文儒雅的傳統也展現在開車方面。依據同一位學生的說法，「只有掛石川縣車牌的車，會在空蕩蕩的北陸自動車道上以低於速限的車速行駛」。

而在喝酒的場子裡，從一些小細節上亦可看出石川縣人的縣民性。例如，雖然一邊喝酒一邊也吃了不少下酒菜，但最後通常還是會以簡單的餐點收尾。因為他們認為，喝到茫了就直接解散是很粗俗沒品的。

儘管石川縣人這麼溫和，但在性行為方面卻是意外地嚴謹。金澤市內過去有四個遊

5 為日本的國家級獎項，用於表揚在科學技術及藝術文化的發展提升上有顯著功績的人。
6 一種日本傳統的木管樂器，於唐朝時由中國傳入日本。
7 「常磐津節」的簡稱，是一種三味線音樂。

郭[8]，今日仍有被稱作「東廓」、「西廓」的地區，對當地人來說，要進出這類區域似乎要有相當程度的心理準備才行。

這是受到北陸地方共通的淨土真宗影響而來。我曾聽說有男生去紅燈區玩被發現，家人開了家庭會議後決定與之斷絕關係；還曾聽過有和女兒一起出門的母親在路上偶遇年輕男子，便慌慌張張地把女兒推進旁邊的小巷裡。正因為其風土民情如此，所以對性的看法很多時候是非常嚴格的。而再次比對全國縣民意識調查的結果，對「你是否覺得除夫妻以外的性行為是無論如何都不可原諒的壞事？」一問提出肯定答案的石川縣民比例，在一九七八年反倒是近乎吊車尾的第四十三名，不過到了一九九六年卻迅速上升至第七名。換言之，其性觀念似乎是在最近幾年才開始變得格外嚴謹呢。

8 江戶時代由幕府規畫的花街場所。

福井縣人

福井縣出身的名人：
中野重治、水上勉、荒川洋治、竹內均、白川靜、石川九楊、宇野重吉、大和田獏、五木宏、高見順、舞城王太郎、三屋裕子、藤田晉

福井的女性總之就是勤奮

作家水上勉出生於福井縣西端的若狹，他在著作《盲女阿鈴》（はなれ瞽女おりん，新潮社）中描寫了他小時候每逢冬天與春天，都會有瞽女[9]以三到四人一組結伴同行，至各個村落挨家挨戶地在門口賣藝的光景，她們一邊彈奏三味線，一邊流暢地低聲吟唱詩歌，以換取一點賞錢或一、兩碗的白米。令我聯想到這或許可算是福井女性的原型。

的確，以「越前女」之稱聞名的此地女性，正是福井的熱門產物，堪稱全日本最勤奮。而這點也明確地呈現在實際的統計數據中，例如統計十五歲以上女性有多少百分比的人在工作的「勞動力人口比率」，以及女性的勞動時數等，福井縣都是全國第一。

此外特別值得一提的是，推動主婦連[10]之運作的，也是越前女。包括第一代會長奧梅尾在內，有許多福井出身的女性會員都相當活躍。她們的性格特色是很有韌性與毅力，評論家大宅壯一便在其著作《日本新女系圖》(中央公論社)中如此敘述：

「福井縣的女性具有類似群馬縣的平地型強女性格。這兩處都是紡織業興盛之地，但不同之處在於，群馬的女性是自己織布自己賺錢，以此支撐大部分的生活所需，進而取得強大的發言權。福井的女性則是以紡織廠老闆娘的身分，扮演相當於廠長、領班的角色。她們早起巡視工廠，監督女工們工作，非常認真勤勞，不過原料的採購、產品的銷售等對外的溝通協調及金錢的往來交易等，都是由丈夫處理。因此她們就只是認真地工作而已，不論在事業的經營還是在家庭方面，都沒有實權。景氣好的時候，老公可能就會弄出個二奶、三奶，甚至生出小孩來，做太太的也只能默默地替他擦屁股，把事情解決。結果還是被放在如地主夫人般的位置，所以看不到像群馬那樣的女人當家現象。」

紡織業之所以會在此地興起，追本溯源，就是始於福井藩的俸祿被減半，下級武士的妻女為了補貼生活費故以家庭副業的形式編織綢緞，而這點也充分展現出了越前女的行事風格。

另外，紡織業必須對流行很敏感。而位於福井縣中心地帶的鯖江市，也作為眼鏡鏡框

9 賣藝的女性盲人。

10 主婦連合會的簡稱，專門進行各種活動好將主婦們的意見反映於政治及社會，並維護消費者利益。

的世界級生產地聞名，這也同樣是流行、時尚性高的領域，天線得要一直朝向流行中心、持續接收最新趨勢才行。福井縣雖然和北陸其他各縣一樣是具傳統道德觀的地方，卻也同時擁有面對新事物時能夠迅速應對處理的靈活度。

該花錢的時候絕不手軟

平常總是拚命存錢、日子過得很省的福井縣人，碰到該花錢的時候可是十分豪邁。其中最具代表性的就是蓋新房子的花費。男人要蓋一間自己的家才算真正獨當一面的觀念，普遍深植於福井人心，因此打從學校畢業並開始工作那天起，就開始存蓋房子的資金了。

北陸各縣的住宅環境都十分良好，在自有住宅的比率及每戶的面積大小等方面，富山、石川、福井這三縣一直壟斷著全國前幾名。

此外，室町時代中期淨土真宗之僧侶蓮如於福井縣的坂井郡金津町吉崎建寺，聚集了來自加賀（石川縣）、越前、越中（富山）三國的眾多門徒，接著淨土真宗便立刻於此三國蓬勃發展，一路持續至今。正因有如此的風土民情，人們會投注大量金錢在佛壇或佛堂等空間。

而福井縣的這種傾向尤其強烈，縣民往往會將建築費用的五分之一，有時甚至將高達五成的預算都花在建造豪華的大型佛壇及佛堂上。許多建商也都會推出附有佛堂的住宅建案。

另外福井縣對於冠婚葬祭等各種禮俗上花費，也相當地大手筆。正如我在介紹北海道時已提過的，一色和江以日本全國結納之地域差異為放送大學畢業論文題目，依據他的研究，全日本最重視形式的便是這福井縣。在婚禮前一週甚至更早之前，就必須將分成三份的紅包交給親家。

而女方則要把五斗櫃、梳妝台及其他各種嫁妝搬去男方家，進行所謂的「荷運」（輿入）。不過運送時必須請來專用的卡車，其車廂裝有透明玻璃，要讓外頭的人可清楚看見這些家具，且附有播放音樂的設備，塗裝也色彩鮮豔、花俏。運送途中會一直播放音樂，目的是要讓往來的行人都對它轉頭行注目禮。一旦到達男方家附近，就變得非常喧嘩熱鬧，彷彿在通知附近鄰居一般。女方人馬全員穿著紅色的「法被」[11]，男方人馬也全部穿上法被，並披上黃色手拭巾。此外這卡車還有絕不可倒車的規定，故在「荷運」途中都會很小心地避免與其他車輛正面相遇，若不幸遇上了，就會請對方倒車讓路。

11 也作「半被」，是日本的一種傳統服裝，於祭典等活動時穿著。

由此敘述可知，在訂婚下聘方面，福井的禮俗可說是相當特別，別處看不到。不過近來也開始出現不太需要花大錢的做法，例如僅交換戒指或手錶等。只是選擇這類節約型儀式的人只占了一成左右，絕大多數人依舊是遵循古法。家庭意識越強的家庭就越重形式，而「荷運」的習俗與十年前相比似乎也沒什麼改變，依舊是熱鬧非凡呢。

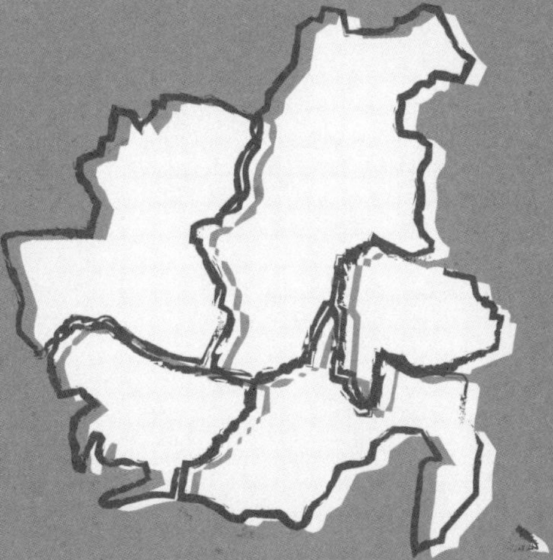

中部地方的性格診斷

山梨縣人
長野縣人
岐阜縣人
靜岡縣人
愛知縣人

山梨縣人

山梨縣出身的名人：
小林一三、金丸信、興石東、網野善彥、中澤新一、山本周五郎、深澤七郎、林真理子、米長邦雄、中村紘子、巨無霸鶴田、堀內恒夫、中田英壽、根津甚八、三浦友和、宮澤和史

具企劃力的點子王

山梨縣過去的名稱——甲斐之國（甲州），源自山峽的「峽」[1]，是指山和山之間。這個地方山脈連綿，以此為天然屏障，戰國時代武田家三代的勢力近乎遍及整個中部地方。其全盛時期自然就是武田信玄當家之時，他與上杉謙信對決的「川中島之戰」最廣為人知，不過信玄的內政技巧也十分出色，留下了諸多功績，包含稅制改革、製紙獎勵、礦山開發、透過治水進行土地開發等。但後來其子勝賴敗給了織田與德川的聯合軍，導致武田氏就此消逝。

進入江戶時代後，甲州成了幕府的天領，幕府用盡一切力量想徹底消滅武田氏所殘餘的風氣，於是在甲府設置了「甲府勤番」一職，以進行所有的統治管理。

今日的甲府是有如從東京出發之JR中央線的眼、鼻之處，但在江戶時代卻是群山環繞的偏遠地帶，因此有時會帶著懲罰之意，把「不乖」的旗本等武士貶官外調至此甲府勤番，這被稱作「甲府勝手」。在此引用一段松本清張之短篇小說《甲府在番》中的敘述：

「一旦成為甲府在番，……很多人這輩子就再也見不到江戶的土地了。再怎麼愛惹事生非的旗本，只要一聽到甲府勝手，都會臉色大變，四肢發抖。……人人都眷戀著江戶。此處雖然距離江戶不到四十里，但層層疊疊地阻隔於其間的山脈簡直就像是遠海的洶湧浪濤。若被盯上而被貶至此，一切就完了，肯定是再也逃不出去了。」

從這段文字便可看出當時的甲府，也就是甲州的處境，被困在如此貧乏的山間谷地，在幕府的高壓統治下，反而更強化了人們對武田信玄的崇拜。就這樣，層疊連綿的山峰與一位偉大的英雄形象，建立起所謂的甲州人氣質、山梨的縣民性。

其性格特色是極為固執倔強，換句話說就是鬥志旺盛、不服輸且有耐力。雖然也可說是很執著，但有其血氣方剛、易怒之處。對人不是很親切，似乎缺乏圓融性。據說他們習慣服從權威，故對政府單位的期待及信任度意外地強烈。

1 日文的「甲斐」發音為「Kai」，與「峽」同音。

這裡土地狹小又缺乏資源，因此趁農閒時期至外地兜售蔬菜及布匹等各種其他產品，是自古以來的傳統，這正是著名的甲州商人的起源。過去曾有傳言說甲州商人會以花言巧語到處推銷沒有頂的蚊帳，姑且不論此傳言到底是真是假，他們確實對利益具有敏銳的一面。明治時期，在東京開創公車、地下鐵、電力、瓦斯等現代西方事業的，全都是山梨縣人，甚至還在當時的金融界建立起名為甲州財閥的一大勢力。

雖然崎嶇狹窄的山區特質，無法培養出良好的社交能力，但他們卻是擁有豐富創意及企劃力的狠角色呢。

格外重視義理人情

從文化人類學的觀點來看，甲州獨有的特性是所謂的「親分子分制」或「親方子方制」[2]。在日本，這種「親分、子分」的講法聽起來好像是什麼黑道流氓，但這其實是自古以來僅存在於甲州山間村落的一種制度。村裡的男性在結婚前，會選擇一位自己尊敬的長輩作為其「親分」（親方）。

不過這位親分並不是媒人，媒人會另外請別人擔任。親分是男性在需要商量或有煩惱時請教的對象。相對地，親分也會訓誡子分（子方），像是提醒他「你這傢伙最近是不是沒在認真工作啊？」之類的。

雖不清楚這種制度為何僅存在於山梨縣，但其相互扶持的傳統人際關係至今依舊深植當地。在NHK放送文化研究所的全國縣民意識調查中，對「貴府與附近鄰居的互動多嗎？」一問提出肯定答案的比例，山梨縣在一九七八年是排名全國第一，一九九六年則排名第三。此外對「你會想積極參與本地的活動或祭典嗎？」一問提出肯定答案的比例，則是在一九七八年、一九九六年都為第三名。而我想這樣的結果應是源自於包含前述師徒制在內的，近鄰間的密切關係。

這表示當地的生活方式與地區的關聯極為緊密，同時也代表他們對義理人情的重視。畢竟不論是師徒制還是鄰里關係，都少不了義理人情。

若將這點也納入考慮，山梨縣人或許可說是雖富創意，但卻仍保有強烈鄉土特質的一群人。

2 即「師徒制」。「親分」（親方）指師父；「子分」（子方），即「徒弟」。

對都會生活的嚮往

根據《朝日新聞》的「週日地方數據森林」報導（一九九九年十一月二十一日），全日本有線電視最普及的就是山梨縣，該縣首次有大型有線電視台獲得核准是在一九七三年，之後便有許多有線電視台陸續開播，據說現已多達二十四台，這是全日本最多的。而其理由應可解釋為被群山環繞與周圍的交流較少，故具有對外來資訊極為敏感的縣民性。此外，強烈的團結意識或許也是關鍵之一。

另外補充一點，在剛剛提到的縣民意識調查（一九七八年）中，山梨縣人對「你是否不在意穿過時的服裝？」一問提出肯定答案的比例最低，亦即「會在意流行」的第一名是奈良，其次為埼玉，接著第三名就是山梨。其實這三縣都位在大都市的周邊，身處這類地區，正因為靠近，對都會生活的嚮往才會格外強烈。而山梨之所以對外來（尤其是來自東京的）資訊很敏感，我不禁認為應該也是同一因素的影響所致（此外也請注意，「最不在意流行」的第一名是福島，第二是山形，第三是秋田，這三者都屬於東北地方，而且彼此相鄰）。

長野縣人

長野縣出身的名人：
羽田孜、飯島勳、五島慶太、岩波茂雄、蘆部信喜、宮崎市定、臼井吉見、唐木順三、島崎藤村、猪瀨直樹、丸山健二、井出孫六、崔洋一、美川憲一、阿木燿子、久石讓、池田滿壽夫、草間彌生

既努力又很有責任感

要談長野的縣民性，就不得不先提到其中的地域差異。長野縣可大致分為「北信」與「南信」兩部分，若進一步細分，還可分為「北信」（長野市周邊）、「東信」（上田、佐久市周邊）、「中信」（松本、大町市周邊）及「南信」（諏訪、岡谷、飯田市周邊）等四區，甚至能再細分成八個或九個區域。而有位長野縣民是這麼說的：

「北信基本上『咱們村子』的意識很強烈，習於流俗，多半偏好維持現狀。至於南信，尤其諏訪一帶則是務實性格強烈，屬於崇尚都會型。所謂的『信州人』想必就是結合了北信的『純樸』與南信的『靈巧』、『機智』吧。」

此外也有人認為長野縣各個盆地的居民性格都不同，其縣民性無法一言以蔽之。不過各區域的性格仍有幾個共通形象存在，例如勤勉以及責任感強等。

還有好辯亦是明顯的共通特質之一，而依觀點不同，這點可被視為嚴謹可靠，但也可說是缺乏協調性。

「教育縣長野」的真實面貌

江戶末期的長野有多達一千三百四十一間的寺子屋，據說占了日本全國的百分之十三，以人口比例來說，密度異常地高。明治九年（一八七六）開始開辦小學時，長野縣的就學率也高達百分之六十三・二，無庸置疑的日本第一。

之後其就學率曾一度下跌，然而縣民的危機感一旦升高，便又立刻恢復至百分之九十以上的水準（明治三十三年，一九〇〇）。長野縣這個地方，以教師為首，教育工作者的熱忱應可列為其一大特色。

當時曾出現過所謂「信濃的提燈學校」一詞，這是源自教師們在學校裡討論事情以致於留到很晚的現象，由於要離開時天都黑了，於是得各自提著燈回家。

不過就如我在序言中提過的，現在的長野縣已不再具有教育縣的形象。至少不像過去

在就學率等數據上有任何明顯的表現。例如有份問卷曾針對長野縣民進行「你認為長野縣是教育縣嗎？」的調查，結果越高年齡層回答「是」的比例越高，二十幾歲和三十幾歲者分別只有百分之二十和百分之三十。

話雖如此，但也還是有一些實際狀況令人覺得長野真不愧是長野。例如小學裡女老師的比例是以沖繩縣為全國最高，而長野是第四十五名；國中部分則是第四十七名，亦即全國最低；高中則是第四十六名。北海道的女老師比例也很低，這與偏遠地區較多有關。那麼長野又是為何女老師較少呢？據說是因為至今在長野縣民的心目中，教師依舊是男性的理想職業，沒什麼空間可供女性發揮。由此看來姑且不論是否為教育縣，長野縣民的理想主義性格可說是依舊健在呢。

「我就是首領」的信州人

有句話說「薩摩的大提燈，信濃的腰提燈」，意思是指鹿兒島（薩摩）的人是由帶頭的人拿著大提燈，即前輩之後陸續有後輩跟隨。而相對於此，信州人卻是各自在腰間掛著燈籠，散亂地逕自朝著自己的方向前進。

長野縣人確實具有這樣的性格。說得好聽是獨立自主，但其實就是大家都只想著自己的事，有如一盤散沙。好處是，也不會輕易依賴別人。即使到東京打拚，信州人也不至於老是黏在一起，不會以前輩為中心在公司內形成派系，或是互相介紹跳槽機會等。

此外其想法有著極為實際的一面。例如在NHK放送文化研究所的全國縣民意識調查中，贊同「死後的世界根本不存在」這一敘述的縣民比例，長野在一九七八年是全國最高。

正因為信州人性格如此，進入組織後依舊不改其特立獨行風格。面對多數意見時總會站在少數意見的立場，當整體局勢傾向於輕易妥協時，往往會堅持己見到最後。

由於長野縣內有區域差異，無法一概而論，不過基本上，上述傾向尤其可見於諏訪與松本出身者。相對地，北信的長野市周邊則具有順從世間趨勢、純樸的一面。

而在討論長野縣人時，還有一點絕不能忘，那就是其縣歌〈信濃之國〉。很多縣都有自己的縣歌，只是實際被唱到的機會很少，會唱的居民也不多。但長野縣卻是個例外，只要是信州人，肯定都會唱〈信濃之國〉，一旦聚在一起就會馬上高聲齊唱亦是僅此一家別無分號的信州人特色。

這確實是讓「信州合眾國」產生團結意識必不可少的一首歌，即使平常各區域的對立意識強烈，只要一唱起此〈信濃之國〉，信州似乎就能團結一心。

出身長野縣的作家內田康夫在其小說《「信濃之國」殺人事件》（光文社）中敘述如下。第二次世界大戰後的昭和二十三年（一九四八），長野縣刮起了一陣分縣運動的風暴。而此分縣運動之起因，似乎是來自明治九年（一八七六）時，過去的筑摩縣與長野縣合併成今日的長野縣之下所偶然碰觸並浮現之病根。……自從兩縣合併，縣廳被設在北信的長野市後，中、南信——尤其是松本市的不滿情緒就從未消失過。松本市正如其象徵松本城所代表的，不論從歷史、文化，還是從產業的角度來看，都很適合作為核心都市，分明就該是長野縣的中心，從明治時代以來持續累積的怒氣終於一舉爆發，縣議會的議場上咆哮聲交錯，旁聽席更是大爆滿。贊成分縣的議員人數稍多，雖然大家都看得出來分縣的決定呼之欲出，但就在此時，議場外傳來〈信濃之國〉的合唱聲。「……歌聲立即感染了旁聽席，無視於工作人員的制止，大家全都站了起來，齊聲合唱。甚至不一會兒，就連議員們也開口唱了起來，其中還有不少人一邊唱著一邊忍不住激動落淚……」

若真的分縣，就再也不能唱這首特別強調了「信濃之國，境連十州……」的歌。此種感慨發揮了莫大作用，削弱了長野縣分縣運動的氣勢，於是這風暴不久便漸漸消散。感覺上這種事除了在長野縣，其他地方是不可能發生的。而內田的這部小說是以此分縣運動之挫敗為起點，描述在〈信濃之國〉一曲中出現過地名的縣內各處所發生的連續殺人事件。

岐阜縣人

岐阜縣出身的名人：大野伴睦、野田聖子、杉原千畝、篠田正浩、田中邦衛、野口五郎、中条清、高橋尚子、堀江敏幸、奧田英朗、北川悅吏子

合掌造與大家庭

在用來形容岐阜風土的詞語中，有一句叫「飛山濃水」，意指此地是由山脈連綿的飛驒地方，和木曾、長良、揖斐等三條河川流經之低地——美濃地方所構成。而相對於被群山環繞的飛驒國，是最晚開發的偏僻地帶，美濃國則作為東西交通的要衝，很早就發展了。此外在江戶時代，飛驒是由幕府直轄的天領，美濃則是小藩分立之地。正因為有這些背景狀況，所以飛驒與美濃在各方面一直存在著很大的不同。

首先，最能表現飛驒特色的，就是過去存在於大野郡白川村的大家庭制度。直到過了明治時代中期為止，此村落的中切地區都還是只有長男可於婚後與妻子同住，次男以下都只能採取「妻問婚」形式。而所謂的妻問婚，就是只能在夜晚時去妻子家拜訪，到了早上就必須回到自己原本的家，白天在家裡工作，另外小孩也是交由妻子撫養。這樣的習慣推測始於十九世紀初，一個屋簷下往往有四、五十名家庭成員一同生活，所以被稱為大家庭制度。而容納此種大家庭的正是名為「合掌造」的巨大家屋，超大的茅草屋頂看起來就像是雙手合十般，故因此得名。所有家庭成員都住在一樓，二、三樓則用於養蠶與儲物。

文化人類學者別府春海指出，這一帶土地極為稀少，導致無法分家，再加上主要以山田燒墾[3]的農耕方式為生，為了能同時耕種散落於不同位置的田地，需要多人共同作業，這些因素正是此獨特習俗之起源。

但過了明治時代中期後，對外交通變得越來越方便，再加上重工業日益發達，吸收次男、三男之勞動力的工廠不斷增加，使得這些次男、三男陸續離開村子，近明治末期時，此制度便已徹底瓦解。現在的合掌造以文化財產的形式留下，偌大的建築物只剩幾名家族成員還住在其中。從遙遠都會來到此地的觀光巴士絡繹不絕，而每隔幾年由村民全員出動一起更換屋頂茅草的情景，則透過電視被播送至全國各地。

前述那種大家庭制度曾經存在這點，應可視為飛驒地方基於孤立與落後所導致之顯著貧困性，以及本分家集團強勢的表徵。由此形成的居民性格雖然質樸純粹，但同時也有其

3 以焚燒草地、林地的方式開墾耕地後種植並收穫作物，一旦由燃燒所產生的肥料效果減低，即休耕，任其恢復為草地、林地。

封閉的一面。而十足的勤奮亦是不可忽視的一大特徵。

另外，緊鄰飛驒地區、位在長野縣交界處的野麥峠，因電影《啊，野麥峠》而廣為人知。在日清、日俄戰爭時，飛驒地方貧窮農家的年輕女孩們會數十個結伴一起通過此埡口，前往位於長野縣諏訪湖畔的岡谷市製絲工廠。當時正是不折不扣的「女工哀史」時代，她們都從早上開始一直工作到晚上十點。飛驒地方的貧困造就了年輕女性的勤奮，她們不僅撐起了當時的日本製絲業，更進一步支撐了日清、日俄戰爭時的日本經濟（山本茂實《啊，野麥峠——製絲工女哀史》，朝日新聞社）。

東、西日本的接點

相對於上述的飛驒，美濃則是多次爭奪天下之戰的戰場所在。自古以來就有「掌控美濃者可掌控天下」之說，在這裡打完仗後執政者往往就會換人。甚至到了江戶時代，幕府也因其東、西日本之接點地位，而採取由多個大名及旗本分割統治的方式，以免出現勢力過於強大的大名。這使得各領地人民有好一段期間都搞不清楚隔壁村子到底是敵是友，人們對執政者沒有太多期待，靠著彼此團結合作來保護自己。

這樣的歷史背景，造就了美濃人不輕易相信外地人的性格。他們乍看相當友善好相處，但其實不太會打開心房、說出心裡話。

而濃尾平原[4]又是以「輪中」[5]聞名的洪水地帶，同一輪中內的人為了生存會團結一致，但對其他輪中的人則是無法忍受。據說這稱為「輪中根性」，亦即產生出了自我本位的性格。

對金錢嚴謹，擅長做生意

美濃人素有小氣鬼之稱。隔壁的名古屋自古以來以所謂的「難波的銀和江戶的金之差額」來賺取利潤為生，而美濃一直都是與這樣的名古屋做生意，因此金錢觀念不夠嚴謹的話，肯定是做不來的。

不過他們待人處事相當圓滑。畢竟不論政治還是經濟，在統治者輪替速度快得令人眼花繚亂的環境之下，除了靈活應對、彈性行事外，別無他法。

4 從岐阜縣（美濃）西南部延伸至愛知縣（尾張）西北部及三重縣北部的廣闊平原。
5 為了防止洪水而將村落、耕地以人工堤防圍起的地區。

這樣的美濃人做生意確實有一套，經常冒出策略或妙計，從他們柔和的表情還真看不出來。

但也有人說他們稍嫌缺乏自主性，總是顧慮平衡，雖具有洞悉周遭情勢的判斷力，可是卻沒有一旦決定就堅持到底的頑強，以及站在最前面領導群體的力量。說起來或許比較像是聰明狡猾的類型呢。

靜岡縣人

靜岡縣出身的名人：豐田佐吉、本田宗一郎、大賀典雄、田宮俊作、竹內宏、星野一義、大岡信、齋藤孝、嵐山光三郎、森瑤子、大竹省二、櫻桃子、加藤剛、柴田恭兵、秋吉久美子、岸本加世子、研直子、長澤雅美、上原廣美

緩慢悠閒且符合常理

〈橘子花盛開的小山丘〉[6]——靜岡，是個很適合人居的縣。面對著太平洋，適宜的溫度與降雨量得天獨厚，又少有大雪及颱風的侵襲。

從地理上看來，位於連接東京、名古屋、大阪三個主要都市的中間位置，新幹線及高速公路等交通網四通八達，聯絡便捷。離大都市也有一段距離，因此不至於有壓迫感。

從產業面看來，當地充分利用一直以來優渥的水土環境，積極發展農業。彌生時代的登呂遺跡[7]亦位於此處。此外漁業也很興盛，還有善用豐富森林資源的製紙工廠沿著海岸分布。

在這樣的條件下生活的靜岡縣民，與其他縣相比，人雖好，但似乎不太有耐力。

靜岡縣人對於外來的文化不會排斥，往往能夠坦率地接納。思考模式很符合常理，但性格緩慢悠閒，因此意志力似乎較為薄弱。不擅長的事就不碰，會讓人痛苦的事都盡可能避開。就此意義而言，靜岡縣人可說是認真但稍微少了點毅力。

發明家型的點子王

或許是因為介於東西之間，處於新事物不斷輸入之地，靜岡縣人的適應性極高。其性格明朗開放，好奇心也強。很可能就是如此現代、開化的特質，造就了以濱松為中心的國際級摩托車製造商及樂器製造商的誕生。

靜岡縣民具有對新事物積極表現出興趣的特性，或許正因如此，在發明、發現及改良等方面人才輩出，同樣地，在企業裡他們對資訊的敏感度往往也高出周遭同事一等。

甚至除了對業界的最新技術及資訊十分敏感外，他們還具有大方氣度，能毫不掛懷地將資訊與他人共享。

6 是一首日本童謠，於二〇〇七年被文化廳及日本ＰＴＡ全國協議會選為「日本歌百選」之一。

7 位於靜岡縣的一座聚落和水田遺址。形成於二至三世紀。

不過靜岡縣人不太執著於單一事物，有相對淡然之處，並不擅長以取得之資訊為基礎展開詳細調查，或是進一步與業務結合。

中間、中庸、平均、無可非議

在「『鄰居』的研究」系列專欄中介紹靜岡縣時，《每日新聞》（一九九四年五月二日）以斗大的標題寫著「靜岡縣就愛『平均』」。而緊接著的說明文字寫道：「氣候溫和的靜岡縣，不論在哪方面都不突出，似乎總是中等。地理條件也好，經濟活動也罷，甚至連性格都……就讓我們一起來探索這『平均縣』的真實面貌。」這段文字可說是非常簡潔地統整出了靜岡的風土與居民特徵。

在此以近乎原文的形式引用該系列專欄之內容：

〔證言1〕靜岡縣廳的某位課長助理表示「一旦在下一年的年度預算會議中提出新的業務計畫，就一定會討論起這是全國第幾名。如果別的縣沒編這筆預算，就暫且不編這筆。不論什麼事都一定要避免成為第一個。」

〔證言2〕據說靜岡市內女性服飾的種類豐富、款式齊全，不過依據某百貨公司的銷售部門表示「賣得好的都是灰色、米色等中間色，花俏的顏色根本賣不出去。」

〔證言3〕東京都多摩市的農業者大學，聚集了來自全國各地獲各地方首長推薦的學生。其教務課表示，勢力最龐大的是東北和九州的學生，甚至還一度流行起九州方言。此外也提到了「每次叫靜岡的學生排隊，他們都會排在中間，他們大部分都很普通，不太引人注目。」

而最後的結論則是，從靜岡縣人們的生活樣貌中浮現出——中間、中庸、平均、無可非議這四個詞彙。

此外在這篇報導所提到的各種統計數字中，靜岡也多半都排在全日本的中等位置，就連縣民每人的平均所得，都是四十七都道府縣中最接近全國平均值的一個。

基於這種平均的特性，據說日本煙草產業公司在調查新產品之需求前景時，往往會選在靜岡縣進行試賣，而其他商品也一樣，看來對市調業界來說，靜岡縣似乎是相當珍貴的一個地方呢。

另外就如在介紹新潟縣時提過的，從新潟縣的糸魚川市至此靜岡縣的富士川，有一名為「Fossa magna」的大地塹帶通過，方言與文化都以此為界劃分東西。例如在靜岡縣，以富士川為界，相對於東側叫人起床時都說「起きろ」(Okiro)，西側則說「起きよ」(Okiyo)。

最後，在NHK放送文化研究所的全國縣民意識調查中，靜岡縣被進一步分成富山川以東的東部（伊豆）、以靜岡市為中心的中部（駿河），還有靠濱松市的西部（遠江）這三區，並以多個選項來調查各地區居民的特徵，結果這三區都是以選擇「緩慢悠閒」的人最多，並未觀察到明顯的地域差異。

愛知縣人

愛知縣出身的名人：
市川房枝、海部俊樹、赤尾敏、盛田昭夫、平岩外四、鈴木敏夫、鈴木一朗、淺田真央、中嶋悟、利根川進、小柴昌俊、外山滋比古、城山三郎、大澤在昌、黑川紀章、平田滿、館廣、竹下景子、青木沙耶加、武井咲、園子溫、堤幸彥

該如何理解偉大的鄉下——名古屋？

愛知縣和名古屋市到底該分開還是一起討論？首先我想試著釐清這點。也就是先讓我們來弄清楚，名古屋的市民性是否等同於愛知縣的縣民性？

愛知縣可大致分為三河與尾張。以該縣東部、岡崎及豐橋為中心的三河，是德川家康的據點，不久後家康建立江戶幕府，此地也就成了三河人取得天下的地方。因此作家司馬遼太郎主張，三河人的性格其實就是江戶幕府的政治性格。

「三河出身的武士確實取得了其他各國都未曾達成過的統一，但卻也相對地封閉，他們給人一種對一切外來的人事物都很警戒、會對帶有外部氣息的人發揮其狹隘的想像並視之為叛徒——或是怪物——的農業社會印象。當此群體（德川家康的人馬）經過各種局勢變動而掌握了天下時，便以三河的世界觀來看待日本國，害怕與外國接觸，對中國的人事物十分警戒、把天主教視為妖魔鬼怪，明明身處世界史上的大航海時代，卻實行了抗拒所有外來文化的詭異政策，原因就在於其骨子裡有著這樣的心理結構。」（摘自《霸王之家》）

這說法指出了一個非常好的論點，令人不由得有恍然大悟之感，而在該小說中，司馬對尾張則有如下的敘述：

「尾張這地方，籠罩、翻騰著一種改變了人類意識的神秘作用，名為『商業』。成本僅一文錢之物有時可價值上百文錢，在具有這種魔術般可能性的世界裡，這裡的人們認為對命運的忍耐與順從，是商場輸家的邏輯。反之，相信自己的能力，憑此能力任何奇蹟都有可能產生的這種信仰，儘管程度有別，卻是每個尾張人都具備的。織田信長和豐臣秀吉恰恰好是此性格的典型。尾張人堅持自己的信念，若是碰到三河岡崎之松平家的郎黨[8]的那種遭遇，肯定絕大多數都會四散至鄰近的各個大名，以恰當的知識與行動來推銷自己，每個人都會去努力開拓新的機會。——尾張的人總是嘲笑三河的農民是『三河笨蛋』。」

以上等於是把三河人的農民性格與德川家康連結，並將尾張人的商業性格與織田信長

8 武士們的隨從及私兵，與主君無血緣關係，但仍可騎馬且需參與戰鬥。

及豐臣秀吉連結，藉此加以比較，兩者各自的特徵都被表達得極為妥善透徹。

依照這樣的邏輯，就會開始覺得名古屋人封閉的、被稱作「偉大的鄉下人」的性格，似乎就是混合了三河的農民性格與尾張的商人性格。這樣想來，那麼不論好壞，名古屋應該就等同於愛知縣。

絕不亂花錢的名古屋人

相對於「京都講究穿著，大阪愛好美食」，這裡則有「名古屋死命存錢」之說。名古屋人節儉質樸、算盤又打得精，不論到哪裡都要和錢包商量，絕不會亂花錢。

名古屋車站前的餐廳到了晚上八點幾乎都關光光就是個好例子。偌大的車站人潮消散，只剩下小貓兩三隻，一片黑壓壓的。取而代之的是一字排開的拉麵攤，顧客還不算少。看來一旦碰上節儉的名古屋人，餐廳也只能早點休息了。

在作家田邊聖子的散文集《雖然說了也沒用》裡，有著這樣的一段描述：

「旅館經理說了一段很有意思的話，他說『東京的客人即使事先決定好了預算，只要興致來了，覺得有趣，不論多少錢都會花下去，事後再流下懊悔的眼淚；大阪的客人就算花費超出預算，由於一開始就有預料到會有如此情形，所以總是能開開心心地付了錢之後回家；名古屋的客人一旦超出預算，就會殺價殺到符合預算為止；京都的客人則是在少少的預算內，徹底地享受過後便打道回府。』」

這些省下來的錢，名古屋人會拚命地存起來，其儲蓄率在全國可謂名列前茅。或許正是這個原因，使得愛知縣的銀行非常多，以人口比例計算的話，密度位居全日本第一名。此外，據說愛知縣出身的人往往能當個優秀的銀行行員。

只不過，他們存錢的方式非常具有名古屋的風格，他們不會把錢統一存在一家銀行，而是會分散在多家銀行。還有，與東京等其他地方相比，最明顯的特色就是所謂的「櫥櫃存款」[9]特別多，總之名古屋人似乎就是很熱衷於存錢。正因為如此地穩當牢靠，銀行也能放心地貸款給他們，比較麻煩的據說是，很少人會跟銀行借錢。

有個軼聞充分顯示出名古屋人的穩健踏實特質，那就是在關島的叢林被發現而聲名大噪的橫井庄一[10]的故事。出身自名古屋周邊的他，在被發現時，竟然還隨身攜帶著個人印

9 存放在家中（通常是衣櫃之類的地方）而不存進金融機構的現金。
10 第二次世界大戰時被派往關島奮戰的日軍下士。太平洋戰爭結束後第二十八年，他在美國屬地關島被當地獵人發現，才終於被接回日本。

鑑，據說他還表示，既然印章仍在他手上，他的土地就絕不可能被賣掉。而聽聞這消息的名古屋人也都認為此舉確實穩當，對其徹底的名古屋作風讚譽有加。

對金錢如此嚴謹的愛知縣人，在結婚的費用方面卻是相當地大手筆。他們很重視門第，為了體面可是會大肆擺闊、鋪張炫耀的。平日節儉並努力存錢，但在冠婚葬祭等傳統禮俗上則是出手闊綽大方。

在訂婚的聘禮方面，由女方給男方的五斗櫃、梳妝台及其他各種嫁妝會由卡車運送，也就是所謂的「荷運」。而荷運是儀式裡最為重要的部分，和前述福井的做法類似，名古屋似乎也會使用貨櫃裝有透明玻璃窗的卡車，而運送用的繩子一定要捲上紅、白布條，這習俗從以前到現在一直都沒什麼改變。

對於時尚流行顯得保守而消極

我在名古屋的某個大學授課時，曾要求學生針對名古屋人撰寫報告。這間大學有很多學生都出身當地，因此這有點像是在自我診斷。

結果最多人提出的意見是「很保守，在接納新事物方面極為謹慎」。以新的流行時尚來說，都是先從東京到大阪，接著去九州，然後回程才順道繞去名古屋，所以總是晚了好幾個月。等到在名古屋流行起來，東京和大阪早就又以另一種時尚為主流了。這點獲得了所有女學生的認同。

其他還有一些報告提到「管弦樂團總是跳過名古屋，直接去關西」，以及「名古屋的人對博物館、美術館都沒什麼興趣」等。

不過名古屋是個傳統表演藝術非常興盛的地方。和金澤類似，對於學習傳統藝能可說是相當積極。有位女學生是這麼寫的：

「我的朋友中好像有很多人都練習技藝練得很勤，但不是什麼鋼琴或小提琴之類的，似乎比較盛行茶道、花道、日本舞蹈等日本傳統的技藝。」

雖是較早期的資料，不過依據豐田汽車工業ＫＫ內部的研討會於一九七八年所發行之《豐田管理》雜誌的第二十一卷七號（「三河之國土」特集），當時東京的小學生裡，高年級有百分之六十八的人有學習某項傳統藝能，低年級則有百分之七十一，但愛知縣更多，分別高達百分之七十七和百分之八十。而全國平均分別為百分之六十五和百分之六十一，由此可見其比例真的是相當高。

既然這麼熱衷，眼光也免不了越來越高。依據落語家的說法，名古屋的客人是非常可怕的，而探求其成因便會追溯到尾張藩的第一代德川義直及第七代的德川宗春這兩個名字，他們大力鼓勵其領地人民學習傳統表演藝術的結果，應該就是導致今日傳統藝能熱潮的主因。

封閉性成了名古屋的瓶頸

正如先前也提到過的，名古屋人的性格經常被評為「封閉」。就像我在序言裡所說的，看報紙就看《中日新聞》、開車就開豐田、棒球就支持中日龍隊、銀行就選舊東海（現在的三菱東京UFJ）、年節送禮就去松坂屋買。

這種封閉性亦導致了排他性，進而使得名古屋被說成是個不易居住的地方。那麼名古屋市民又是怎麼看待自己所居住的城市呢？對當地人進行問卷調查後發現，竟有高達百分之八十九的人都回答「想繼續住在名古屋」。看來名古屋雖然被其他地方的人嫌棄，但對名古屋人來說卻是天堂呢。

依作曲家神津善行的說法，歌名裡有「名古屋」三字的歌曲絕對紅不起來。加了「長崎」會紅，此外「東京」和「大阪」也常被拿來做歌，也會紅。就只有名古屋完全不行，據說是因為根本沒什麼可唱的元素。由此可見其不受歡迎的程度，不過理由最後被解釋為是因為缺乏浪漫色彩。

關於名古屋人的封閉性，作家清水義範（名古屋出身）在其作品集《蕎麥麵與碁子麵》（講談社）中如此寫道：

「名古屋人絕不會試圖去親近同為日本人、但出身自其他地方的人。我們自己建立自己的社會，對其他地方的人同時存在著優越感與自卑感。而這恰好與日本人面對世界的情緒相似。名古屋在全日本中的定位，和日本在全世界中的定位，在性質上可說是完全相同。東京之於名古屋人，就非常近似於美國之於日本人。大阪就像蘇聯，千葉就像墨西哥，埼玉就像加拿大。名古屋人就是以這樣的想法在生活的。」

雖然這說法只能請名古屋人一笑置之、別太計較，但其實我也曾聽過其他類似的意見。名古屋人只要去東京出差，回來後一定會跟其他人說東京有哪些變化，亦即所謂的「歸國報告」。大阪和京都人都絕不會這麼做，就算賭上尊嚴也絕不會開口說「東京是怎樣又怎樣」。或許對名古屋來說，東京就是個「外國」吧。

我行我素的愛知縣人

以上內容以名古屋為中心，相當詳細地討論了愛知的縣民性，我想各位應該已大致瞭解其輪廓。

簡言之，愛知縣民就是吝嗇又排外，不過換個角度看也可說是講求理性而穩健踏實。其性格在面對不景氣或困境時顯得極為強大，不論發生什麼狀況都不為所動、不會慌亂。忠於自己的價值觀，不被周圍的動靜所迷惑，總是穩紮穩打地逐一完成各項工作。只可惜他們的世界很狹窄，在人格上缺乏魅力，不喜歡極端，所以總給人不起眼的普通印象。而從下屬的角度看來，愛知縣人的上司很容易成為仗勢欺人的類型。

反之作為下屬時，愛知縣人雖然工作起來勤奮認真，但由於不夠積極，故會給人靠不住的印象。也就是說，他們對於被指定的工作的確很忠實，但自主性稍嫌不足，屬於由上司賦予較大目標才會有所成長的類型。

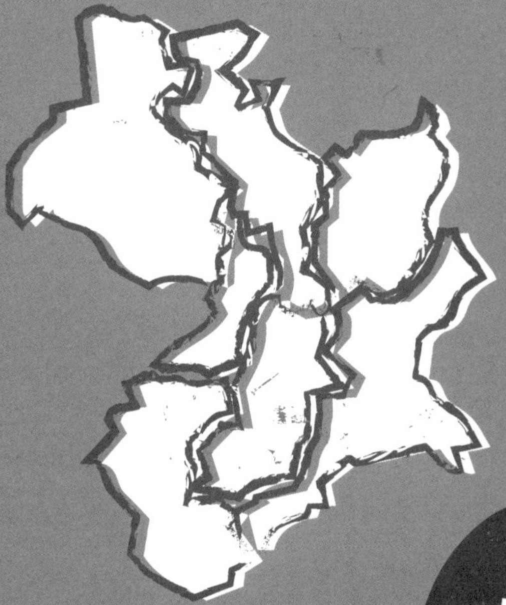

近畿地方的性格診斷

三重縣人
滋賀縣人
京都人
大阪人
兵庫縣人
奈良縣人
和歌山縣人

三重縣人

三重縣出身的名人：
御木本幸吉、奧田碩、岡田克也、瀨古利彥、植木等、楠田枝里子、江戶川亂步、小津安二郎、高畑勳、市川崑、椎名桔平、夏樹陽子、野口水木、吉田沙保里、小西良幸

以手遮陽，眺望世界

氣候溫和風光明媚的三重縣，配合其風土，縣民性也是沉穩而溫厚。

三重位於東京和大阪之間，且與京都、名古屋相鄰。自古以來東西文化混雜、交融的印象一直很強烈。

再加上有來自日本各地的人到伊勢神宮參拜，與其他地方的人接觸頻繁，資訊也因而相當發達，於是有一說認為是這樣的環境造就了他們彷彿以手遮陽、眺望著世界般的樂觀性格。

雖然三重縣的伊勢與伊賀、志摩半島等地區的性格多少有些差異，不過整體來說其縣民性都是不小家子氣，對人和善又開朗的。

但也有人批評他們人放得太鬆，缺乏野心，不論發生什麼事都一副不嚴重的樣子。尤其是男性，以健全的凡人來形容似乎最為貼切。

柔軟靈活的人際關係

此外，「近江是盜賊，伊勢為乞丐」這句話經常被用來表示三重的縣民性，雖然有多種不同的詮釋方式，不過「窮到極限時，近江（滋賀縣）人由於較積極，故會去當盜賊。伊勢（三重縣）人則由於缺乏積極態度、性格溫和，故會選擇做乞丐。」這一解釋應是對的。

說到三重，就會讓人想起以三井家為代表的伊勢商人。伊勢作為大神宮之所在地，總是聚集了許多來自各地的人，且由於從古代至中世都是全國第一的水銀產地，故貨幣的流通也很早就開始蓬勃發展。而三重的商業便是因此而發達，尤其在天正年間（十六世紀末），有近江商人從近江移入，傳授其經商手法，最後在此產生出了名為伊勢商人的新群體。到了江戶時代，這些商人便陸續前往江戶發展，由於很多都將商號取為伊勢屋，於是當時出現了「近來江戶最引人注目的就是伊勢屋、稻荷神社，以及狗大便」的說法。這樣的傳統似乎到今日都還持續未變，據說在東京，採用伊勢為商號的，以酒商為最多。

不過就如過去的伊勢屋幾乎都為當鋪，伊勢的生意多半偏向穩當保守。在三重縣內，必須正直誠實才能獲得伊勢神宮庇蔭的觀念十分強烈，說謊的人是被徹底討厭的。

因此，做生意的人也不會漫天開價、不過度貪婪，在細心招呼的過程中自然地贏得顧客信賴，這就是所謂伊勢流的經商手法。

不過溫和歸溫和，該堅持的還是要堅持的道理他們都懂。畢竟和其他地方人的交流頻繁，因此在人際關係上有其靈活的一面，而這便造就了伊勢商人的成功。

此外，可充分展現三重縣人的溫厚沉穩的，還有他們討厭暴力的特質，其刑法犯罪的發生率近乎全國最低。想必是因為自然風土環境本來就很好，所以根本不需使用暴力，也不必試圖打倒別人。

海女與忍者

從文化人類學的觀點來看，三重縣的一大特色就是海女。就如之前在介紹千葉縣時提過的，全日本有海女活躍之處，包括了千葉和靜岡縣的伊豆，還有就是這裡的志摩半島。這一帶的產業以捕撈珍珠和鮑魚為主，由於負責捕撈的幾乎都是海女，因此傳統上她們在家庭中的地位及發言權等都十分強大。

而依據歷史學者網野善彥的說法，鎌倉時代，此志摩半島還曾存在被稱為「海夫」的漁民群體，除了拉網捕魚外，也會操船參與年貢及商品等的海運工作等，工作範圍廣大，可說是十分活躍（《蒙古襲來（上冊）》〔小學館〕）。另外以上野市為中心的伊賀盆地在十七世紀左右，就已誕生出所謂的伊賀流忍術。而從此伊賀盆地往北，越過信樂高原後便是甲賀之里（屬於現在的滋賀縣），該處則誕生了所謂的甲賀流忍術。伊賀與甲賀之所以會成為忍術之鄉，想必是因為離京都近，且包括關東在內，無論往哪裡去都有路可通的關係，再加上其地勢不容外地人入侵，相當適合進行忍術的訓練。

如此一來，我們了解到過去曾有海夫、忍者等特異群體活躍於此，可以想見過去曾存在著與現今三重縣人溫厚沉穩的性格有些差異的特質。

還有，這三重縣通常是被分類為東海地方，但居民本身是否確實認為三重縣屬於東海地方？又或自認應屬於近畿地方？在ＮＨＫ放送文化研究所於一九九六年所進行的全國縣民意識調查中，針對三重縣問了這題。結果回答「東海地方」的占百分之七十二，回答「近畿地方」的則占百分之二十三。若僅限於縣廳所在的中勢地方[1]，回答「東海地方」的則占百分之六十七，回答「近畿地方」的占百分之三十三；但靠近奈良、大阪的伊賀地方則以回答「近畿地方」者為多，達百分之五十五。

在規定依地區選幹部的全國性學會等組織中，三重縣的會員到底該列入東海地區還是近畿地區這件事經常成為問題，一旦列入東海地區便有會員會抱怨的情況似乎不在少數。

就像這樣，由於三重縣人的區域認同可謂全國最敏感，因此會被特別當作一個問題處理。

1 三重縣又分為北勢、伊賀、中勢、南勢(伊勢志摩)及東紀州等五個地方。

滋賀縣人

滋賀縣出身的名人：堤康次郎、武村正義、宇野宗佑、細野豪志、塚本幸一、小倉遊龜、塚本邦雄、團鬼六、幸田真音、武豐、田原總一朗、尾木直樹、岡林信康、佐伯千津、SHIHO（矢野志保）

大阪商人的真面目其實是近江商人

一般認為大阪商人的核心，其實是來自近江（滋賀縣）出身者。近江商人就是如此充滿活力地活躍於全日本各地。

近江由於與琵琶湖相鄰，所以自古以來農產品都極為豐富。而且交通便利，處於水路與陸路兩方的東西及南北交通要衝，因此形成了很多集市，商業鼎盛。

到了鎌倉、室町時代，近江商人開始前往京都，進而至全國各地去經商，約莫於江戶時代，更開始進軍為物資集散地的大坂。他們進軍各個要衝、開設店鋪，並以之為前線基地傾巢而出。

近江商人的店家就這樣在日本全國遍地開花，尤其以京都、大坂、江戶這三大都市為關鍵重地，於三条通（京都）、船場（大坂）、日本橋通（江戶）等處陸續開起一間又一間的大型商店。

姑且撇開背後的歷史、經濟背景，到底近江商人為何能夠如此成功呢？讓我們從縣民性的角度來思考看看。

外表溫和但其實老奸巨猾

近江商人的最高信條就是「誠實、穩健」，有些人還會再加上「節儉、勤奮」或是「信用、商品篩選」等。其中所謂的商品篩選，就是要挑好東西來賣的意思。

如此寫來，這簡直就是最理想的商人形象，不過包含對成功者的嫉妒心態在內，人們對近江商人，甚至是對滋賀縣人的批評也相當引人注目。例如「乍看態度和善，但在那溫和的外表下其實老奸巨猾」或「謹慎且冷靜，從另一角度看就是永遠都無法與人打成一片，疏遠又客套，而且內心還暗藏了很多的算計」等等。

但這些性格在NHK放送文化研究所的全國縣民意識調查中，並沒有明顯地表現出來。例如對「就算生活無虞也想工作嗎？」一問回答「是」的縣民比例，滋賀縣在一九七八年排名全國第十一；而對「你會想在平日生活時盡量節儉，好存下一些錢或財產嗎？」一問回答「是」的比例，則是全國第十五名。

僅就此結果看來，作為近江商人信條的「穩健」及「勤奮、節儉」等並未明顯呈現。這是因為此調查是以整個滋賀縣為對象，包含作為京都衛星城市的大津市等，若侷限於產生出大量近江商人的地區，或者說是傳統滋賀縣民較多的地區，其數據就會顯示出清楚的特徵了。

以彥根市為例，該地居民對前述兩個問題提出肯定答案的比例，都是全國最高。這種勤奮、節儉的精神與北陸相同，想必和於此落地生根的淨土真宗脫不了關係。在西方社會中，基督教的新教（Protestantism）建立出了資本主義的倫理，同樣地，在這片土地上則是由淨土真宗建立出了商業的倫理。但據說這樣的商人之道，在明治時代中期過後不久便逐漸轉變成了唯利是圖。雖說過了開拓時期就喪失原始精神這件事處處可見，並不僅限於近江商人，然而過了明治時代中期後的近江商人，由於太急著想賺到點什麼，所以「貪得無厭」或「陰險狡詐」的形象變得很明顯。「近江商人吃人不吐骨頭」、「近江商人所經之處寸草不生」等評語也是在這個時期出現的。

成功生意人的完美典型

據說滋賀縣的男性並不喜歡去公家機關上班。比起縣廳或市役所等，他們會更優先選擇一般的貿易公司或銷售公司，想要靠賣東西來出人頭地的類型似乎較多。

然後一旦進入企業，便會毫無保留地發揮其勤奮特質，而且看起來親切友善、擅社交，又不會感情用事。在任何情況下都能保持冷靜。

交際僅限表面。雖然也會和同事去喝酒，但不會拖拖拉拉地一直喝到最後。肯定也有人會覺得就是這點令人不夠滿意，不過把這當成是滋賀縣人的行事分寸應該會比較好。

而最後我想提一下滋賀的縣民性成因。從氣候溫和、物產豐富的角度來看，這裡和三重縣的志摩地方相當類似，但卻形成了近乎完全相反的性格，其中的原因似乎很值得我們好好思考、探究呢。

京都人

京都府出身的名人：
谷垣禎一、前原誠司、野中廣務、野村克也、釜本邦茂、伊達公子、千宗室、長谷川慶太郎、山村美紗、綾辻行人、綿矢莉莎、大島渚、森光子、都春美、田村正和、津川雅彥、山城新伍、三浦純、倖田來未、辣妹曾根

高傲的人們

對全日本所有都道府縣民進行「最讓人感到親切的是哪個縣？」的問卷調查，結果回答京都的人最多。而「想住在哪個縣？」的調查結果也是以京都為第一名。

但就如我在序言部分提過的，實際因調職等理由而住過京都的人肯定都會說這地方很難住。對外人來說，京都是與名古屋齊名的頭號難住都市。

這種表面與實際狀況落差很大的性質，亦是京都的特色之一。每年基於觀光等目的造訪京都的人數高達日本總人口的三分之一，大家對這古都的寧靜氛圍、京都方言的溫婉柔和，還有京都人謙和穩重的應對態度都相當嚮往、好感十足，只是表面看看和實際居住似乎是很不一樣的。

其他地方的人之所以對京都有不太好的評價，據說主要是基於京都人排斥外人之封閉性，以及與那溫和言語相反的壞心眼，而其根源就來自住在千年古都之京都人的強烈菁英意識。換言之，他們的自尊是全日本最高的。

不過京都人也有極為都會而理性的一面，所謂的「門掃」便是其中一例。亦即家家戶戶每天早上都會清掃自家門前的道路，這可說是京都人日常生活上的一種慣例。此「門掃」乍看像是種老舊的習俗，一定有人會懷疑到底是哪裡「都會」了？但這其實不過是一種公共上的人際往來，也就是說，只要做了該做的，彼此便能互不干涉地自由過日子。

實際上京都人是不太和附近鄰居往來的，雖然鄰里協會的活動很多，也有各式各樣的傳統習俗儀式，但私底下的交際極為淡薄。而其中最像京都的部分就是，他們表面上假裝冷漠、彼此互不過問，其實卻很積極地接收鄰居的動向消息。所謂躲在住家的窗格內默默觀察鄰居的這一面向，依舊存在於京都人身上。

讚美之詞其實並非讚美

一般所說的京都人，是指住在京都市的人，不是指京都府民。因此這裡所說的性格也是指京都市民的性格，住在京都市以外地區的人們性格特徵並不是那麼明顯，硬要說的話，大概就只有質樸而溫和了。

關於京都人的壞心眼，我在序言已寫過包括京都的茶泡飯等例子，基本上在京都要是被稱讚或被恭維，最好當成是被諷刺了比較好。我曾聽說有個女生嫁去京都後，某次參加聚會時被說「年輕真好，穿什麼都很合適呢。」她本來還很開心，以為是被稱讚了，但後來才驚覺這是一種輕蔑之意，對方的意思其實是「竟然在這種場合穿著不合時宜的服裝出席聚會！」

像這種「壞心眼的人」，在京都方言中稱為「いけず」（Ikezu）。依據真下五一的《京都詞彙集》（藝術生活社）所述「『いけず』一詞經常被直接用來指『人』，後面根本不接『人』或『傢伙』等，而這大概也是符合京都女性心腸的一種特質。……被視為溫柔順從之象徵的京都女性，其實內心相當強硬，壞心眼意外地相當多呢。」

京都人明明不喜歡干涉別人，也不喜歡被別人干涉，但卻又會有這種具干涉意味的行為。看似保守但其實相當進步，以為很進步實際上卻又十分保守，京都人就是如此地複雜。

京都在戰前舉行的第一次普選中一口氣就選出了兩位改革派議員，戰後更有改革派的知事連續七次當選，而且從戰前到現在，一直都是學生運動的強大基地。此外就如序言部分介紹過的，在京都，總會有新的學派陸續成長發芽。

而其「走在前頭」、「喜歡新事物」的特性常為人們提及，像日本最早的水力發電廠就蓋在京都，第一台路面電車也是跑在京都的地面上。其他還有如無軌電車、中央批發市場等，也都是誕生於京都。儘管如此，他們卻又同時具有不接受外人的固執封閉性，並留有眾多的傳統習俗、慣例。

而在其傳統習俗中，最重要的就是對禮法、門第的重視。關於這部分，有一位來自京都的女學生是這麼寫的：

「『義務』的重要性——對於過去曾受其恩惠的家族，每到盂蘭盆節[2]、歲末年終、新年時，都必須登門拜訪、問安。這部分若稍有怠慢，就會被說成『那一家竟然換了一代就

2 依地區不同，有些在七月有些在八月，日本人一般會在此時返鄉團聚、祭祖。

不盡義務了』。尤其媳婦的評價會因此驟降，更別說是從其他地方嫁進京都的人了。……現在的年輕世代確實已經有所改變，但正統的京都人還是沒什麼太大變化。我自己一旦回到京都，也是徹底地沉浸、滿足於這樣的老式氛圍中。我想京都應該是不可能轉變成所謂的近代都市的。」

明確區分公與私

京都人除了對東京反感外，還有瞧不起鄉下的傾向。這是自《徒然草》之作者吉田兼好以來的傳統（吉田兼好生於京都長於京都，而他在《徒然草》中寫了「鄉下人真的是很惱人。賞花時要不跑去把櫻花樹的樹枝折下，要不就是立刻喝起酒來，京都的人是絕不會做這種事的」等內容）。如此想來，他們擺明了連庶民化的大阪也很看不起。對京都人來說，「大阪是身分低賤者的城鎮」，總之除了京都以外，其他地方全都不好、全都不行。

在商業上，京都人有著相當冷酷的一面。他們彬彬有禮，該做的都會確實做到，然而工作一旦結束，便會採取你我已不再相干的冷漠態度。

換言之，京都人有公私分明的傾向，因此不太執著於出人頭地或升遷之類的事情。他們堅守自身風格，討厭上司的干預。這種酷勁比起東京人還更有都會感。

在感情上也是一樣。京都人凡事絕不失控的風格往往會令對方有點美中不足之感。不過女性意外地有其強韌、乾脆的一面，此外正如我在序言中也稍微提過的，她們在商業世界裡也相當積極。而不論男女，做任何事都顯得很明智亦是京都人的特徵之一。

另外，觀察NHK放送文化研究所的全國縣民意識調查結果便會發現，對「在附近鄰居之中，值得信賴的人多嗎？」一問提出肯定答案的比例，京都在一九七八年是全國最低，似乎充分顯露出了前述京都人不太與附近鄰居往來的特性，然而同一問題到了一九九六年，提出肯定答案的比例大幅躍升至全國第七名。還有對「你對於在職場或工作、生意上有往來的人，是否也有不少除了工作以外的往來？」一問的回答也是一模一樣，一九七八年時提出肯定答案的比例是全國最少，一九九六年卻變成了全國第七名。為何近年來在「人際往來」方面，對「附近鄰居」和「工作上往來的人」都有同樣的大幅度改變呢？而相對於此，對「你認為天皇是值得尊敬的嗎？」一問表示肯定的人數比例，不論在一九七八年還是一九九六年，京都都是第四十四名（亦即倒數第四名），毫無變化。看來京都人對中央政府的反感可謂始終如一呢。

大阪人

大阪府出身的名人：
佐治敬三、中內功、岡田彰布、野茂英雄、清原和博、桑田真澄、寺川綾、司馬遼太郎、筒井康隆、安藤忠雄、森繁久彌、澤口靖子、和田現子、谷村新司、開高健、稻垣足穗、川端康成、岡田斗司夫、川上未映子、三池崇史、槙原敬之、宓多里（五嶋綠）、有働由美子

親切友善的狠角色

相對於京都市和京都府的性格完全不同，而神戶市和兵庫縣的性格也大異其趣，大阪的部分則是整個大阪府都「很大阪」。毋須區分市與府，在大阪人的腦袋裡，市與府之間本就不存在界線。

大家似乎都對大阪有著共通的印象。我曾讓大學生針對日本各地的縣民性自由寫出意見，結果只有對大阪，是幾乎所有人都意見一致的。

「唯利是圖、摳門、倔強、積極活躍、很有創意、富幽默感……」這些是每個人都提到的特點。然而在寫出這些特點的大學生中，實際與大阪人相處過的卻不多，可見大阪似乎是個刻板印象相當強烈的地方。

之所以會這樣，除了因為電視、電影及小說等所描寫的大阪或大阪人有點誇張外，也因為操著大阪腔的搞笑藝人強化了該種形象，其中又以昭和三〇年代菊田一夫的劇作《唯利是圖的傢伙》所造就的形象影響最大。此外依據牧村史陽所編的《大阪詞彙事典》（講談社）一書，「ガメツイ」（Gametsui，唯利是圖）一詞其實是由神戶方言「ガミツイ」（Gamitsui）轉變而來，是由菊田在《唯利是圖的傢伙》一劇創造出的流行語，並非原本的大阪方言。

而大阪的有趣之處在於，只要實際住過大阪就能進一步體會到那種大阪性格。很多日常生活細節都比想像中的還要更有「大阪味」。

「在醫院的候診室裡會有不認識的人突然就跟你聊了起來，拚命地跟你講一堆什麼大蒜對兒童氣喘很有效之類的話。整個候診室宛如資訊交流站，熱鬧非凡。」

「大阪的家庭主婦到了三十歲以上，真的就會滿足於便宜的休閒服。平常穿的衣服都是在超市打折時採購，不會去百貨公司買。所以他們不會像東京那樣用衣服來評斷對方，這部分令人感到非常輕鬆自在。也就是說，在大阪，有沒有錢和穿著打扮似乎沒什麼關係。」

以上兩段感想來自於從其他縣移居至大阪的家庭主婦，而大阪人確實是具有重視實質甚於表面美觀的理性。此外他們還很親切友善，即使初次見面也能很自在地大聊特聊。在各方面都很平民、大眾化，真的非常厲害。

另外還有一種說法，是以五十音的語感來解釋京都、大阪、神戶這三個都市給人的感受。京都是「はひふへほ」（Ha Hi Hu He Ho）這樣的柔和語感；神戶是「パピプペポ」（Pa Pi Pu Pe Po）這樣彈跳的語感，俐落乾脆；大阪則是濁音的「ばびぶべぼ」（Ba Bi Bu Be Bo），比方說形容其性格的「ど根性」（Dokonjou，倔強）、「ガメツイ」（Gametsui，唯利是圖），甚至是有名的「丼池」（Dobuike）[3]，感覺每個詞都在強調濁音。

柏青哥與大阪人

說到柏青哥，一般人都會以為名古屋是正宗，但實際上大阪才是其誕生地，且此構想真的是非常有大阪風格。

在柏青哥之前曾流行過一種彈珠台，但那種彈珠台是平躺的，所以很占空間。為了能有效率地容納更多客人，就開始有人思考要怎麼縮小機台空間，於是便誕生出了機台直立的「柏青哥」。

大阪人的創意就和這柏青哥很像，通常都來自於想把既有的東西改得更有效率，或是做得更輕鬆方便，像消費信貸、卡拉ＯＫ、預鑄建築、人工草皮等都是很好的例子。房屋貸款也是大阪人的點子，據說以前的日本人完全沒有按月分期付款買房的觀念。

大阪人常會說「エエカッコシイ」（Eekakkoshii，真假掰），他們很討厭裝模作樣的態度或想法。也不知是不是就因為這樣，大阪的街道上，尤其是南區，有些本應放在家裡的東西卻大剌剌地被擺在大街上。像專賣螃蟹料理的「螃蟹道樂」那個揮舞著鉗子的超大**螃蟹**招牌就是個好例子，到處都是類似的動態玩偶，完全就是一種室內裝潢外部化的概念。

因此大阪總是給人雜亂無章的印象。絕對稱不上美觀，但卻很有意思，甚具亞洲風情。有個外國人第一次走在大阪的街道上時表示「我今天看到了超不像日本的東西」，而他指的正是前述那個會動的**螃蟹**招牌。

3 位於大阪中心著名的紡織品批發街。

證明了日本第一性急的大阪人走路速度

心理學家長山泰久曾測量日本全國各地主要都市的居民走路速度，他避開上下班時間，於上午十一點或下午三點左右，測量在縣廳或市役所前人行道走動的行人速度。

依其測量，走路速度最快的是大阪，每秒一．六〇公尺；其次是東京，為每秒一．五六公尺；而最慢的是鹿兒島市，每秒一．三三公尺。如果大阪人和鹿兒島人一起走，一小時後的差距可達到一公里之多。

還有許多其他現象可證明大阪人的急性子，例如不等紅燈變綠燈就急著穿越馬路（行人和汽車皆然！）、都已經站上電扶梯了卻還是忍不住自己往上爬、等電車或公車時幾乎都不排隊等等。

長山泰久認為，這樣的匆忙急躁其實和其街道環境並非毫無關聯。

「大阪人的走路速度比東京還快，有些人或許對其急性子的現象心存懷疑。不過考量到包含廣告、宣傳等在內的整體街道環境之刺激，應該就能理解大阪的確是比東京更令人坐立難安的地方了。」

招牌很大不說，還要一直動，也難怪人會變得急躁了。

最怕具組織系統的縱向社會

務實的大阪人買什麼都要殺價，但這和名古屋人的吝嗇又有點不太一樣。比方說，會想要平日過得省一點以存錢的人似乎不是那麼多，值得花的時候就用力花才是所謂的大阪人。

大阪人的反權威主義傾向我在序言提到過，而同理，這也代表了其個人主義的傾向十分強烈。例如在群體中很難受控制地統一行動，即使受到高壓式的命令，姑且不論表面上服從與否，內心的反彈往往都相當強烈。

以往在軍隊裡，由大阪人所構成的部隊一向被認為非常弱，原因也就在於這樣的性格。正因為精於算計，故一旦知道贏不了，就不會勉強拚鬥。逃跑時也是七零八落地呈現鳥獸散狀態。

對於這樣的大阪人，與其在堅實穩固的大組織裡成為其中的一個小齒輪，他們更喜歡以個人身分或在較小的組織中工作。也難怪大阪會孕育出為數眾多的新創公司。

另外大阪人的活力也展現在他們不怕生的性格上。在NHK放送文化研究所於一九七八年進行的全國縣民意識調查中，大阪人對「與人第一次見面會讓你覺得很沉重、有壓力嗎？」這題回答「是」的比例是全國最低（最高的是青森縣）。不過在同調查中，對「和人的往來交際不要太深入較好」這一意見表示贊同的比例，大阪於一九七八年、一九九六年都是全國第三名。此結果令人有些意外，但或許這就是大阪人交際手段的本質呢。

談起戀愛來易熱也易冷

大阪的年輕男女一旦對對方有意思，一開始就會明白地講出來。開誠布公地說了「我喜歡你」後便開始交往。所以他們討厭猜測對方心意、你來我往地耍心機。

由於平常也都是直來直往地說出內心話，因此吵架分手的速度也很快。

正如我在序言提過的，大阪男人意外地有其保守、封建的一面，內心深處潛藏著「竟然不聽我的？」這類霸道想法；相對於此，大阪女人表面上會給男人面子，然而內心強韌，具有一旦發生狀況便能好好領導男人的堅定勇氣。

大阪人對婚姻的態度有其踏實之處。女性擅長操持家計，男性也相當勤奮。以戀愛或結婚對象來說，面對大阪人不用假裝、不需矯揉造作，如此真誠坦率的關係可說是極為自由開放呢。

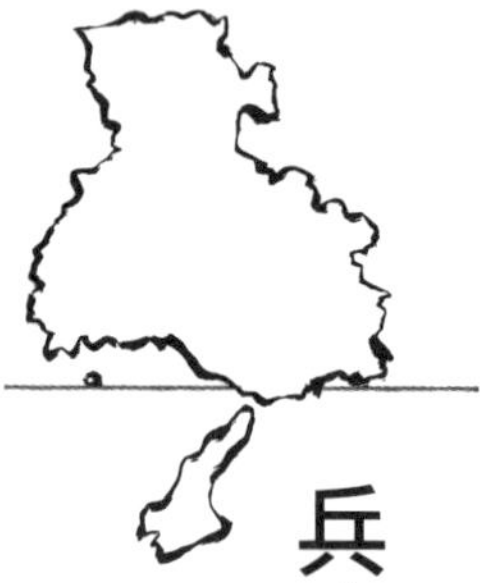

兵庫縣人

兵庫縣出身的名人：
白洲次郎、石原慎太郎、宮內義彥、三木谷浩史、美濃部達吉、柳田國男、河合隼雄、橫溝正史、植村直己、宮本輝、村上春樹、山田風太郎、陳舜臣、橫尾忠則、高田賢三、淀川長治、阿久悠、杉良太郎、藤岡琢也、大地真央、渡哲也、淺野裕子、生瀨勝久、藤原紀香、上野樹里、大橋未步、蘆田愛菜

愛嘗鮮的冒失鬼

兵庫縣的縣民性形象受到神戶形象的強烈影響，導致在一般人眼裡兵庫等於神戶，神戶就等於兵庫。

實際上，要兵庫縣出身的人誇耀一下自己的家鄉時，他們第一個會提到的就是「神戶夜景」，吃的首推「神戶牛排」，其次則是松茸。

嚴格來說，兵庫縣一直以來都被說是有五張臉，分別為攝津、播磨、丹波、但馬、淡路這五個地區。此地過去有十九個小藩分立，還又摻雜了天領及皇室領等，實在很難整合成單一地域。因此使神戶的形象無可奈何地顯得強烈，然後其形象又與西宮、蘆屋、寶塚等所謂阪神間地帶之高級住宅區的形象重疊。

神戶擁有好幾個日本的第一次。六甲的高爾夫球場很有名，而日本最早開始打高爾夫球的也是在神戶。至今兵庫縣仍有很多的高爾夫球場，若將北海道排除在外，數量便是日本第一。

看電影、登山及散步等一般常見的習慣，很多其實都是從神戶開始普及至全國的西洋文化的一部分。簡言之，神戶是個愛嘗鮮的城市，總之是有許多新嘗試。也正因如此，難免多少有些冒失、不夠穩重的一面，就如「PORTOPIA '81」[4]般，挖山造島這種點子正可說是典型神戶人氣質的展現。

相當地有品味

兵庫縣是全日本生協[5]的活動最多、最熱絡的縣。且其歷史悠久，成立於大正十年

4 於一九八一年在神戶港灣人工島上舉行的博覽會。

5 「生協」為「生活協同組合」或「消費生活協同組合」之簡稱，是由一般市民聚集起來，以提升生活水準為目標執行各種業務的合作社。

（一九二二）的神戶生協是日本的第一個生協。而生協的活動熱絡也是女性消費活動興盛之證據。兵庫縣的平均消費傾向，亦即消費支出除以收入所算得之比例，是全日本第一高，想必也是因為擁有這樣的女性購買力的關係。

此外，神戶還以時尚之都聞名，這點也獲得了當地專家的明確認可。

「神戶人整體來說品味比東京人更好，至少不會像東京人那樣庸俗地誇耀『這是在銀座某家名店買的衣服』。同樣的東西若在有名的A店和沒名的B店都有販售，而B店賣得比較便宜的話，神戶人會毫不猶豫地和B店買。」

由此可見神戶人不受限於既定觀念及權威，性格可說是相當地自由開放。

這種開放性是港口城市特有的風格，不過整個兵庫縣都不太有排外的傾向。不論企業還是個人，只要能做好工作，立刻就會獲得認同，其縣民性一般來說是很容易相處的。從別處嫁進兵庫的媳婦，似乎也很少有人為鄰里之間的人際關係所困。

此外在本章開頭處我曾寫到過「兵庫縣的縣民性形象受到神戶形象的強烈影響，亦即兵庫等於神戶，神戶就等於兵庫。……然後其形象又與西宮、蘆屋、寶塚等所謂阪神間地帶之高級住宅區的形象重疊。」最後我想再針對這部分做一些補充說明。

首先要補充的是關於「西宮、蘆屋、寶塚等所謂阪神間地帶之高級住宅區」的部分，此住宅區恐怕是全日本數一數二、為人所知的華麗豪宅聚落，當地的居民對於住在此區感到極為自豪。他們的兵庫縣民意識非常薄弱，只認同自己是住在阪神間地帶的居民。在這裡，阪急電鐵、JR、阪神電鐵這三條鐵路幾乎是平行通過，其中阪急離海岸較遠，通過的是該住宅區中被視為最高級的一帶；阪神離海岸最近，通過鄰近商店街的區域；而JR則在阪急和阪神之間。在這樣的背景下，坐阪急電鐵通勤的人最是高傲，甚至會在公司裡組成「阪急沿線會」之類的團體，還會特別看不起以阪神電鐵通勤的人，這種現象在東京等地完全看不到，可算是此地區的一大特色。

另外就如在介紹神奈川時已提過的，神戶是與橫濱並駕齊驅的日本最大國際貿易港口，因此大家很容易把整個兵庫縣想成和神奈川縣類似，但其實兵庫和到處都很都市化、充滿都會感的神奈川不同，從神戶一路往北橫跨古時被稱做丹波國的地區，便可到達日本海。神戶及阪神間地帶臨瀨戶內海故氣候溫暖，但臨日本海的地區卻必須熬過有著寒風暴雪的冬天。而透過這樣的說明，希望各位能理解到將兵庫和神戶（阪神間地帶）畫上等號的危險之處。

奈良縣人

奈良縣出身的名人：
西川善文、辻元清美、福井謙一、住井末、田中一光、入江泰吉、楳圖一雄、明石家秋刀魚、名越康文、森見登美彥、河瀨直美、青山黛瑪、尾野真千子、松下奈緒、加護亞依

奈良就喜歡睡覺

奈良氣候溫暖，不受颱風侵襲，可說是備受上天恩賜的一塊土地。尤其奈良盆地為平緩的山脈所圍繞，有如堡壘一般，特別有助於防護颱風帶來的傷害，再加上盆地中沒有大河通過，不必擔心洪水氾濫等問題，地盤堅硬，不受地震威脅，更沒有東北地方的那種寒害困擾，也難怪日本最早的首都會建立於此，並長期繁榮興盛。雖然後來奈良仍以國寶及文化財產的寶庫之姿立足至今，但就此地自古培育的居民性格來說，和東北、北陸等地區不同，由於不需對抗嚴寒的氣候，因此溫和而缺乏強度及敏銳度，特徵著實不太明顯。

若是硬要舉出其特徵，該就是很悠哉吧。集中了大半人口的奈良盆地是肥沃的穀倉地帶，生活完全不需要煩惱。再加上這裡的農家很早就幾乎都是兼業農家[6]了，他們到鄰近的大阪及京都等地去工作賺錢，一旦靠務農無法餬口時，在這些都市馬上都能找到工作。正是如此寬裕的經濟狀況，造就了其悠哉、缺乏進取心的縣民性，導致他們遲遲未能產生出試圖開拓未知領域的氣概。

而相對於所謂「京都講究穿著」及「大阪愛好美食」之說，這裡則是有「奈良就喜歡睡覺」的奇怪說法，其實就是在諷刺奈良縣人的消極態度。

此外附帶一提，在奈良縣營運的私鐵據說完全不搞罷工之類的事，而這似乎也可視為是因為在私鐵工作的員工各個家中都務農，無須煩惱生計，對於加薪之類的事情根本不感興趣的關係。再加上奈良人不太喜歡重大變革，因此包括政治在內，此地可說是處於極度保守的氣氛之中。

大佛商法

就形成此保守的傳統文化之背景而言，中世以後，興福寺等社寺領[7]相當多，對居民

6 家庭成員中有從農業以外的工作取得收入的農家。

7 或作「寺社領」，即神社或佛寺的領地。

的控制十分嚴格這點也不可忽略。甚至有人說，大和[8]人之所以早起，其實是為了確認春日神社的神鹿有沒有死在自家門前。

正因為這是個歷史悠久的地方，據說多少有些排外之處，不過比起京都，程度似乎是低得多。畢竟相對於京都，奈良人對奈良歷史文化的自傲程度也是低得多。而這或許也導致了其縣民之間的連結力極為薄弱，總是各自為政、如一盤散沙——奈良的同鄉會辦事處如此感嘆道。還有人因此認為他們具有個人主義的一面。

說到與這個人主義有關的特質，常聽到的包括聰明機靈、自私自利、非常精打細算，以及富商業才能等，這部分常以「大佛商法」一詞來形容。考慮到為了奈良大佛遠道而來的觀光客短時間內應該不會再來，既然之前也沒見過面，做起生意來就比較奸詐狡猾。奈良人雖然性格悠哉，但卻有愛耍小聰明的一面，這或許也可算進其縣民性的特色之一，又或亦可看作是住在奈良盆地的「盆」底之蛙，眼界狹隘。

另外還有一件事可能與「富商業才能」的縣民性特徵有所關聯，那就是大和郡山市的金魚。大和郡山市原為城下町，幕末時期許多下級藩士[9]曾在此養殖金魚作為副業，當維新運動開始騷動，他們很快就背棄武士之身，一起轉行賣金魚。據說現在的大和郡山市供應了全日本四成的金魚需求。

大阪的衛星城市

緊鄰大阪之位置條件讓奈良於今成為一大衛星城市，一路迅速都市化。在NHK放送文化研究所的全國縣民意識調查中，對「你是否不在意穿過時的服裝？」一問，奈良人回答「是」的比例在一九七八年為全國最低。一九九六年時稍微升高了一點，變成倒數第五名。而一九七八年時的倒數第二名是埼玉，倒數第三是山梨，由此可見注重流行的程度依序為奈良、埼玉、山梨。這三縣的共通點就是位置都鄰近大都市，正因如此，才會非常在意都市的流行（全日本各地最不在意流行的是福島、山形、秋田、岩手、青森，亦即除宮城以外的東北各縣）。奈良無疑是因緊鄰大阪，作為其衛星城市無可避免地對大阪格外在意。另外，在該調查中，對「你是在工作與生活上都希望能積極地採納新事物的人嗎？」一問提出肯定回答的人數比例，奈良在一九九六年達到全國第二名這點，應該也是基於同樣理由。

8 古時大和國的領域就相當於現在的奈良縣。

9「藩士」是指侍奉各藩的武士及擔任其他職務的人。

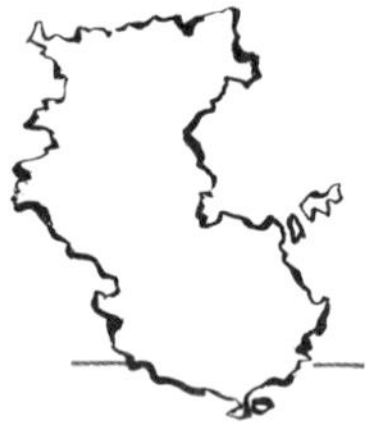

和歌山縣人

和歌山縣出身的名人：
松下幸之助、竹中平藏、南方熊楠、西本幸雄、東尾修、佐藤春夫、津本陽、中上健次、小林稔侍、富司純子、坂本冬美、天童芳美

文左衛門與移民

說到和歌山，大家應該會立刻想到橘子。也不知是聯想到了橘子的甜味還是與溫暖的氣候產生了連結的關係，意外地有很多人都認為其性格應是溫和穩健的。但由居民本身所列出的性格特徵卻多半是開朗、熱情、剽悍而叛逆、積極進取、富冒險精神等。在討論和歌山時，絕不能遺漏的就是著名的紀伊國屋文左衛門。此人生於江戶初期，當他得知船隻因風浪太大全都無法出海，導致紀州[10]橘子的產地價格暴跌，而在江戶則價格暴漲時，他便做好一去不復返的心理準備，奮勇越過驚濤駭浪，將橘子送往江戶，結果大賺一筆。而藉由充滿江戶庶民喜悅之情的地方民謠「在黑暗的海面出現了白色船帆，那是紀州的橘子船」，令世人留下了深刻印象。

之後他在江戶的八丁堀經營木材批發生意而累積了鉅額財富，但他的性格並沒有與眾不同、特別突出之處，也許正因為和歌山縣人就如前述，具有積極進取又富冒險精神的縣民性，才能夠像這樣毫無抗拒地卯足全力，航向遠方。

一般認為充分展現了和歌山縣民性的，除了文左衛門外，還有這裡和廣島縣、熊本縣同為移民國外人數最多的縣一事。明治十五年（一八八二）以後，尤其從明治二十六年（一八九三）左右開始，便有許多人渡海至外國。自從明治二十年（一八八七）有一位男性從日高郡三尾村（現在的美濱町）隻身前往加拿大從事漁業後，該村便陸續有人移民加拿大，到現在，從三尾村移往加拿大的人數差不多有三千名。第二次世界大戰後，這個村子被稱作美國村，就連公車站名也採用這個名字。這裡摻雜英語的談話方式和帶有異國風情的服裝、建築等都很引人注目，還曾出現許多過去只有美國才有但日本還看不到的電器用品。

此外還有一個和前述的文左衛門一樣絕不能遺漏的名人，那就是一八六七年生於和歌山市的生物學家兼民俗學家——南方熊楠。他十九歲時渡海赴美，之後又到英國從事大英博物館的資料整理工作，功績無數。後來於一九〇〇年回到日本後，便一直待在和歌山縣，晚年致力於當地民俗資料及黏菌類的收集與研究，達成了世界級的非凡成就。不過據

10 古代的紀伊國又稱紀州，其範圍大致包括現在的整個和歌山縣及三重縣南部。

說他這人有點怪咖，跟柳田國男合不來。但不管怎樣，他年紀輕輕在十九歲時就遠赴海外這點，的確很像和歌山縣人的作風，再加上對和歌山本地的民俗及黏菌研究功績卓著，因此他應該可說是實實在在由和歌山之風土與自然孕育出的學者。

重視商業的高野聖

前面主要是從真實存在的人物來討論和歌山縣人的性格，而接著要補充的是，和歌山縣可分為沿海的南部（紀南）、緊接在南部北邊的中部（紀中），以及北部（紀北）共三個區域，各區居民的性格都略有不同。文左衛門和南方熊楠分別為紀中與紀北人，雖然前述關於大膽與積極的部分非常符合紀南、紀中人的特質，但紀北卻是較偏向京都、大阪，因過度重視商業，導致金錢觀極為嚴謹，感覺上精打細算型的人相當多。據說甚至還帶點為錢低頭的拜金主義傾向。

位於紀北的高野山，是過去弘法大師空海創立真言宗的著名聖地，這些高野山的僧侶被稱作「高野聖」，後來還成了泉鏡花的小說書名。從中世至近世為止，他們一邊提倡念佛，一邊背著物資巡迴全國，積極地兜售和服衣料等物品。僧侶奮力經商的現象在日本也僅限於此地，而這也免不了讓人覺得和前述所說的「重商」性格有所關聯。

另外在NHK放送文化研究所的全國縣民意識調查中，對「你與附近鄰居的互動多嗎？」一問，和歌山縣提出肯定答案的人數比例在一九七八年是全國第二名，到了一九九六年則稍稍下降，變成第四名。從這點看來，感覺似乎又不能像之前那樣只單純將和歌山的縣民性評為偏個人主義。還有對「你覺得說謊騙人是無論如何都不可原諒的壞事嗎？」這題提出肯定答案的比例，在一九七八年是第四名，但到了一九九六年則高居第一。可見和歌山縣人似乎在道德上有嚴重潔癖，而這不知是否也算是由縣民性所產生出來的相關特質？

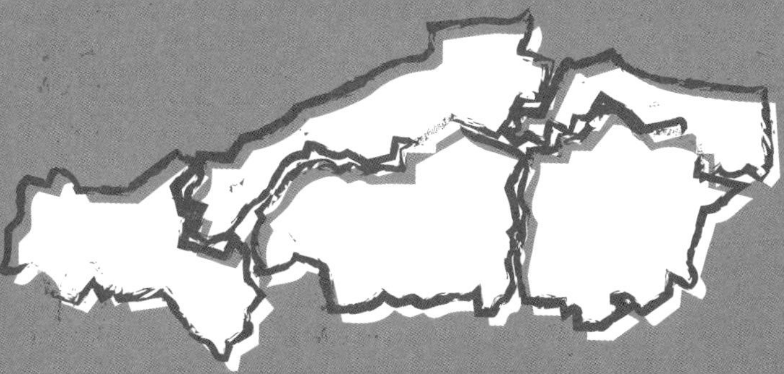

中國地方的性格診斷

鳥取縣人
島根縣人
岡山縣人
廣島縣人
山口縣人

鳥取縣人

鳥取縣出身的名人：石破茂、尾崎放哉、植田正治、尾崎翠、櫻庭一樹、小林繁、伊谷純一郎、岡本喜八、水木茂、井本絢子

自己都搞不清楚的性格

有個來自鳥取縣的學生在討論出身縣的縣民性的報告中，於開頭處如此寫道：

「要我寫出鳥取縣的縣民性，這還真是難倒我了。」

也就是說他自己也搞不清楚該怎麼寫。然後他又寫說：

「一言以蔽之，大概就是缺乏積極態度吧。具有無法將自己的想法充分表達給對方知道的懦弱特質。性格不浮誇，也不追求流行，很質樸，我想具內在美的女性可說是相當多。」

接著還有：

「由於不太有競爭意識，所以沒出過什麼名人，也沒有企圖做大事的人物。個性孤注一擲的人很少。其實就是消極又軟弱啦。」

當鳥取縣出身的人被問到其縣民性做出「真是難倒我了」回答的時候，其實該縣的特色就已顯露出來。他們的縣民性確實是相當樸素、不顯眼，只不過除此之外大概就再也吐不出什麼別的形容詞了。

北臨日本海，南邊則有中國山地彷彿要全面覆蓋般地進逼而來，東西向長達一百二十公里的細長地形，就生活來說，絕非優渥之地。

鳥取縣可分為東部的因幡和西部的伯耆，而說到因幡，恐怕每個日本人都會想到「因幡的白兔」那個故事。那是《古事記》所流傳下來的神話，敘述一隻被鱷魚扒掉了皮的兔子在哭泣，結果被背著袋子經過的大國主命[1]所拯救。由此可知，這裡是會出現在神話裡的古代文化中心地。進入江戶時代後因幡與伯耆兩國被合併為鳥取藩，接著明治時代以後便直接成為鳥取縣。

雖然同屬一縣，但這兩個地方的風土似乎相當不同，正如常聽到的「雨之因幡，風之伯耆」。因幡多雨，因此而有「便當可以忘，雨傘務必拿」的諺語；相對地伯耆雖然少雨，但卻有從中國地方最高峰——大山吹來的下沉氣流。就像這樣，雨和風將兩者的性格分成

1 為出雲大社之主祭神，亦是日本眾神的統治者。

了「耐得住雨的陰性」（因幡）與「禁得起風的陽性」（伯耆），而兩者共通的無疑就是所謂「不畏風雨」的勤勉特質。

確實常有人說東邊的因幡較排外，西邊的伯耆較開放，但程度似乎還不到可明確二分其縣民性的地步。

據說因幡有句俗語說「煮好了卻沒人吃」，東西都煮滾了、煮好了，卻沒人要夾來吃。意思是除非有人先試吃過、確認真的已煮好，否則大家都不會動筷子。表示該地區的人具有倚賴他人的性格特質。

無論如何，鳥取的縣民性終究是很樸實的。只能說男的屬於認真卻軟弱的努力型，女的則是質樸而溫順。

另外依據總務廳統計局所發行的《日本的統計 二〇一二》之資料，平成二十二年時鳥取縣的常住人口（此詞彙是用以區別「日間人口」[2]）為全日本最少，而緊接在後的是島根縣。

2 相對於夜間的常住人口而言，白天在該地區通勤的人口。

島根縣人

島根縣出身的名人：
森鷗外、竹下登、梨田昌孝、安野光雅、森英惠、渡哲也、蘆田伸介、佐野史郎、宮根誠司、田中美佐子、竹內瑪麗亞、江角真紀子

分成兩區的縣民性

就如在介紹鳥取時提過的，依據總務廳統計局所發行的《日本的統計二〇一二》之資料，島根縣的常住人口數是全日本倒數第二，而從平成十七年（二〇〇五）到平成二十二年（二〇一〇）的五年間，其人口減少率為百分之三・三，其中又以青年人口的減少幅度最大，顯示出島根縣人口過度稀少為全國第一之特色。在思考島根之縣民性時，我們必須先記住這點。

此縣可分為以松江為中心的東部出雲地方，以及大田市以西的石見地方。在江戶時代，出雲和隱岐屬於松江藩，石見則分屬於濱田、津和野兩藩及幕府直轄地。而明治維新後，島根縣曾有長達十年的時間與鳥取一起被劃為同一縣來管轄，兩者的性格可說是有相當多共通之處。

莫名地帶著一種陰沉氛圍，內向不善交際卻穩重而認真，雖然努力勤奮，可是缺乏積極向前的鬥志，樸素不顯眼是其特色。但由於有前述江戶時代那樣的歷史背景，同樣都是島根縣，東部的出雲和西部的石見不論在氣候、方言、生活型態，甚至在氣質等各個方面，都存在有非常多的差異性。例如所謂山陰[3]的人很親切、有人情味的說法指的是出雲人，並不適用於石見人。

出雲人與石見人如此的大幅差異，幾乎可視為是其歷史差異所造就。也就是說，石見地方沒什麼很具特色的歷史背景，自古以來就因交通不便而缺乏與周圍的文化交流，到了近代才開始大量接受新文化。故據說這裡的人雖然在接納新事物方面非常積極，但缺乏野心和熱情。而相對於此，出雲作為之前介紹鳥取時也提過的、以大國主命為中心的神話之國，在古代有極重要地位，彷彿會出現在曾居住於出雲松江的小泉八雲《怪談》中的那種詭異氣氛。還有各式各樣的古老習俗等，至今依舊存在。尤其這地方是全日本唯一還留有「狐憑信仰」[4]之處。雖然全日本各地都相信狐狸會化身為人這件事，但有狐狸會附在人身上這種信仰的，僅此一地，而且人們還相信狐狸與特定家族有關聯，有時甚至會成為結

3 即山陰地方，泛指本州西部面日本海側之地區，包括鳥取縣、島根縣及山口縣北部一帶。

4「狐憑」就是「狐狸附身」之意。

婚時的一大障礙，此種特殊的歧視也是他們存在已久的一大社會問題。第二次世界大戰後，這裡的青年團體曾以消除錯誤信仰所致的歧視為最主要目標，進行各種運動，但由於此縣的青年們都逐漸離鄉出走，於是這樣的運動也失去了支撐。此外島根縣的自殺率為全國最高，伴隨人口稀少問題，消極而悲觀的性格被認為應是其主要原因。

另外在一九九六年所進行的NHK放送文化研究所之全國縣民意識調查中，島根縣民對「有感覺到與自家祖先強烈的心靈連結」、「神也好佛也罷，總之希望能有個心靈上的寄託」、「賭博是無論如何都不可原諒的壞事」、「與附近鄰居的互動相當多」及「在附近鄰居之中，值得信賴的人相當多」等敘述表示同意的比例都是全國最高，在考量島根縣的縣民性時，這些都被視為是相當重要的特徵。

為何有東北腔？

至於方言的部分，在出雲的狹小區域內，人們用的是東北方言。除了東北地方外，就只有這裡也講東北話。而關於其原因，在語言學家之間曾有過各式各樣的討論，其中小泉保提出的說法是，繩文時代從東北地方到日本海沿岸一帶講的都是裏日本繩文語，但後來講表日本繩文語的群體入侵，導致日本海沿岸一帶全都改用表日本繩文語，只剩出雲仍維持原始語言（《繩文語之發現》，青土社）。松本清張的小說《砂之器》便巧妙地利用了這一事實，描述東京發生了殺人事件，而刑警們依據目擊者表示犯人講話帶有東北腔之證詞，朝東北地方進行調查，卻遲遲找不出線索。不過後來從方言專家那裡得知出雲有部分地區也講東北話，於是前往出雲搜索，才終於成功逮捕犯人。

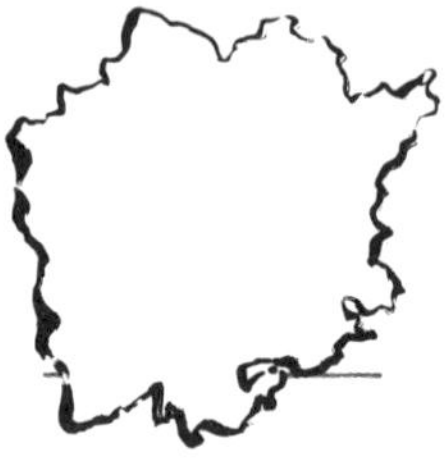

岡山縣人

岡山縣出身的名人：
犬養毅、土光敏夫、橋本龍太郎、星野仙一、木原光知子、森末慎二、川相昌弘、內田百閒、竹久夢二、正宗白鳥、吉行淳之介、小川洋子、重松清、淺野敦子、井上あさひ、小田切讓

上進心強烈的性格

從地理上看來，岡山縣自古是京阪政治中心區和北九州文化圈之連接地，而且還隔著瀨戶內海與四國相望。據說就是這樣的環境，孕育出了凡事隨機應變、講究先下手為強的進取風氣。

在提到岡山縣的先見之明特質時，常作為代表案例的就是興除村（現在的岡山市）。興除村位於明治時代進行了大規模圍海造田的兒島灣沿岸一帶，很早就引進了機械化農業，昭和時代初期還成功試做出了小型自動耕耘機，是日本最早的機械化農村。此外，此地還是生活改善運動、廚房改善運動等的先驅，是日本農村中極具遠見的地區。

這種傾向在整個岡山縣都可觀察到，是時時留心於提升生活水準的縣民性。只不過他們的理性行為有時是相當以自我為中心的，往往被認為性格缺乏協調性，而縣民本身似乎也不否認自己的「狡猾」或「小氣」。

重視教育，喜歡競爭

岡山縣人的「狡猾」形象，可能也受到了史實很大的影響。

岡山城主宇喜多直家是著名的謀略家，而小早川秀秋在關原之戰也本來是加入豐臣軍的，但眼看情勢不利便倒戈至德川軍，結果讓德川家康大獲全勝。正是這件事，決定了岡山縣人的形象。

此外岡山縣還以重視教育聞名。自戰前起，其高等女學校（即現在的女子高中。以前都是男女分校）的數量與人口密度之比例就曾是全國最高。

教育的歷史換個角度來看，也可說是一種「為了出人頭地」的歷史。冷酷或狡猾的縣民性促進了這部分，演變成激烈的成就競爭。戰前有岡山一中、第六高等學校、帝國大學等朝中央發展的出人頭地路線，而今日雖不如戰前激烈，但重視菁英路線的教育觀念依舊持續不變。

另外作家司馬遼太郎曾指出，岡山與宗教的密切關係是極具特色的一點。除了維新前後有黑住教與金光教兩大神道教派誕生於此縣外，據說明治時代以後岡山也是基督教最早進入並為人們所接受的地方，相較於缺乏宗教性的高知縣和鹿兒島縣等地，岡山在這方面可算是極具特色（《歷史紀行》，文春文庫）。

非常適合商業社會

在ＮＨＫ放送文化研究所於一九九六年所進行的全國縣民意識調查中，對「你認為就算壓抑自己，也該要聽從長輩說的話嗎？」一問表示否定、回答「不」的比例，岡山為全國第一。而對「你想以自己的父母為你人生的典範嗎？」和「你希望過著安穩而毫無變化的生活嗎？」這兩題回答「不」的比例，岡山也都高居全國第二。由此可見，岡山人所追求的生活方式是非常積極的，很可能是最適合於商業社會生存的類型。畢竟不論競爭多麼殘酷，他們都不太感覺到壓力，能夠順利適應。

傾向於事前就避開問題

岡山縣人也是很務實的。精於算計，善於判斷狀況。不過換個講法就是沒什麼毅力。雖然性格還算勤勉，但由於有先見之明，所以總是很快放棄。就這點來說，儘管其性格不算具備危機處理能力，不過卻會於事前就避開問題。岡山縣人愛計較、工於心計的特質也相當強烈。

曾有位評論家將岡山縣人評為「賺錢能力超凡卓越」。而某位出身岡山縣的作家也曾說岡山人「唯利是圖，小氣得討人厭」。

不過縣民們則表示，岡山的唯利是圖和大阪商人那種咄咄逼人的唯利是圖不一樣。「舉例來說，買東西殺價時，大阪人會說『大叔，給我打個折吧！』但岡山縣人不會講得這麼露骨，通常會說『大叔，沒辦法算便宜點嗎？』這就是大阪人和岡山縣人最根本的差異。」

雖說這話多少有點狡辯的成分在，但由此可知同樣是唯利是圖，岡山人還多帶了點冷靜、冷淡的感覺。

此外在岡山縣中，倉敷似乎是自尊相當高的地區，剛剛提過的司馬遼太郎便如此寫道：

「若是在這裡問起倉敷人的性格，三人中有一人會驕傲地回答說是『天領性格』。天領早在百年前就沒了，但該地的自豪卻仍未消失。與岡山市發生合併問題時，倉敷人也是一副『要我們跟那種地區合併，怎麼受得了？』的態度，以致於合併未果。倉敷就是這麼一個自尊極高的地方。至今支撐著其高自尊的，依舊是其市鎮的美麗，而企圖守護那份美麗的意識一旦表現出來，就成了極度強烈的固執。」（《古往今來》）

廣島縣人

廣島縣出身的名人：
池田勇人、宮澤喜一、龜井靜香、廣岡達朗、山本浩二、倉本昌弘、井伏鱒二、阿川弘之、平山郁夫、高橋源一郎、大林宣彥、新藤兼人、三宅一生、森下洋子、杉村春子、平幹二朗、矢澤永吉、西城秀樹、東川篤哉、奧田民生、綾瀨遙、有吉弘行

易熱也易冷的性格

由西部的安藝與東部的備後所構成的廣島，以各種新產品的試賣聖地聞名。其實還有另一個縣也以試賣聞名，那就是前面介紹過的靜岡縣。

不過這兩縣試賣的商品類型不太一樣。在靜岡試賣是為了觀察大家對常規性商品的反應，但在廣島則多半是為了測試新潮、先進的產品。也就是說，廣島縣人具有不執著於老舊傳統、積極採納新事物的性格。

這解釋了為何廣島移居海外者的數量眾多。從明治三十二年（一八九九）到昭和六十三年（一九八八），總計約十萬人，排名全國第一。其中又以移居美國者最多，據說每個人都以一副「年輕人就是得要有這般雄心壯志才行」的樣子，接受大家的送別，帶著開朗愉快的心情踏上旅程。

因此談到廣島的縣民性，便有「愛好新奇且富冒險精神」的說法，不過同時卻也被批評為「易熱也易冷，見異思遷沒定性」。

的確，廣島縣人雖有重新思考舊事物並展望新未來的精神，但卻不會追根究柢。性格衝動，往往一下子就熱血沸騰，可是一旦熱情冷卻，又會迅速失去衝勁。這說得好聽是淡泊坦率，說得難聽就是有半途而廢的傾向。

而這樣的性格，看樣子似乎和深植於廣島縣人精神思想的淨土真宗脫不了干係。

天正五年（一五七七年），當織田信長試圖攻占大坂的石山本願寺時，淨土真宗迅速往安藝地方擴張，此區許多較有權勢的寺院都從真言宗、時宗、禪宗等改為真宗寺院。這裡的真宗教徒被稱做安藝門徒，他們因信長的攻擊而扮演了運送物資的關鍵角色，將毛利水軍所援助之食糧送往苦於長期固守的石山本願寺，真宗便是在這個時候開始對廣島縣人產生了很大影響。

沒原則的敷衍了事主義

從富山及福井等北陸的真宗王國看來，勤勉的縣民性特別鮮明，但同為真宗影響範圍，廣島縣民這種缺乏定性的特質到底是從何而來？

淨土真宗的價值觀是所謂的「他力本願」，原本是指不追求現世的利益，要追求更高層次的信仰之意。

然而在廣島，卻不知不覺地轉化成了「沒原則」或「敷衍了事」等缺乏自主性的生活方式。據說淡泊坦率、容易半途而廢的性格就是由此產生。

一切都依照如來佛的安排這種想法，造就了凡事不追究、不努力的性格。能夠輕鬆地移居海外、易於受人擺佈的特質似乎就是這麼來的。

此外，說到廣島縣，就會想到日本職棒的廣島東洋鯉魚隊。廣島的男人無一例外，全都是狂熱的「紅帽應援團」[5]，且其支持的瘋狂程度可說是非常地有廣島風格。

首先，當鯉魚隊連續贏球時他們會過度、異常地讚頌，鬧哄哄地興奮得不得了。然而一旦分數落後或出現失誤，便會立刻咒罵起來，又或是彷彿失憶般，變得之後不再去球場觀賽。

這可說是性格熱情而單純坦率，但卻也導致了自暴自棄及缺乏自主性，甚或是沒責任感的特質。亦即性格善變、反覆無常。

強烈的愛鄉情感與對本地的執著

從廣島縣人對東洋鯉魚隊的支持方式，可看出他們的愛鄉情感相當強烈。中國及四國各縣有很多人對東京都覺得疏遠、有隔閡，但廣島甚至還進一步有排斥心態。這樣的愛鄉心理孕育出了包含方言在內的本地執著，而一旦再摻進一些粗野暴力，黑道的形象就浮現出來了。

廣島縣民確實給人粗野的印象。因為性格衝動，一下子就熱血沸騰，再加上又有那獨特的廣島腔。例如在廣島球場，當對手隊伍(尤其是巨人隊)得分時，觀眾席別說是完全不會歡呼了，甚至還會散發出一股憎惡的氛圍。球評只要稍微講一點鯉魚隊選手不好的地方，現場就會湧起一股觀眾們很可能會衝進轉播室的緊張氣氛。

5 鯉魚隊以紅帽為象徵。

而這樣的性格也展現在人際關係上，在旁人眼中他們的溝通方式看起來就像在吵架一般。

平衡感相當優秀，待人處事則是勉強及格

在ＮＨＫ放送文化研究所於一九九六年所做的全國縣民意識調查中，這裡對「你對於在職場或工作、生意上有往來的人，是否也有不少除了工作以外的往來？」一問回答「是」的人數比例為全國最低，這想必與剛剛提過的很容易跟別人吵起來的人際溝通方式有所關聯。還有在同一調查中，被問到「你認為下列事情是無論如何都不可原諒的壞事嗎？Ａ：說謊騙人；Ｂ：除夫妻以外的性行為」這題時，廣島縣對Ａ、Ｂ兩者表示同意的人數比例分別為全國第二和全國第一。這樣看來，廣島縣人是非常有道德潔癖的，給人一種對他人不太寬容的感覺，而這或許也和前述具廣島特色的人際溝通方式有關。

廣島縣人做生意的方法可比作老鷹。備後（廣島縣東部）便有所謂「尾道老鷹」的說法，意思是指，對於什麼東西要怎麼賣才會賺錢這件事，必須像老鷹般眼光銳利地從高處觀察全局，再進行買賣。

雖然愛好新奇又沒定性，不過廣島縣民的平衡感卻意外地十分優秀呢。

山口縣人

山口縣出身的名人：
伊藤博文、井上馨、岸信介、佐藤榮作、宮本顯治、安倍晉太郎、菅直人、柳井正、中原中也、種田山頭火、林芙美子、宇野千代、金子美鈴、庵野秀明、西村知美、山本讓二、松田優作、石川佳純

具理論性而單純的性格

山口縣出身的首相共有七人。超越東京的六人和岩手的五人，人數高居全國第一。日本的內閣制始於明治十八年（一八八五），至平成十一年（一九九九）為止共一百一十四年，其中有三十三年是由山口縣出身的首相執政。也就是說，近代日本有近三分之一的時間，主權都由山口縣人所掌握。

這樣的歷史成了山口縣人的驕傲。山口縣人只要有兩個以上湊在一起，便會談起天下國家大事，朝中央發展的志向至今依舊強烈。

山口縣有句話說「かぼちたれるな」（Kabochitareruna）意思是要人別說大話，而這話常拿來用，或許就代表了山口縣人喜歡虛張聲勢、愛吹牛，趨炎附勢者偏多。

能充分發揮組織力量的派系高手

山口縣在東京擁有全日本別無他例的獨特同鄉會「防長俱樂部」，是全國唯一登記為財團法人的，入會資格十分嚴格，必須是在一流企業擔任課長以上職務者。而且只有這個同鄉會的宗旨是「愛國心……民族意識……」，相當地英武豪邁。

該會成立於日俄戰爭剛結束的明治三十八年（一九〇五），當初還曾有過必須是高級官員、少將以上之軍人或具博士學位之學者才可加入的嚴格規定。

時至今日，防長俱樂部的縱向社會依舊非常強烈，每個人的出生年月日都被詳細記載於名冊中，前輩、後輩的關係極為明確。他們每年都會找政治家、財經界人士、知識分子來進行幾次演講，但只有政治家能吸引大量會員參與，其他都不太能引起會員們的興趣。於是不可避免地，找政治家來的頻率就變得越來越高。

姑且不論山口縣人有多愛政治，他們最大的特徵就是組織。有一位山口當地的相關人士是這麼說的：

「像山口縣人這樣，出人頭地與否受所處的人際關係狀況給左右的縣似乎很少。只要進入組織，團結力發揮效果，事業便能夠順利發展，可是一旦落單，就會變得非常弱。」

有伙伴才能發揮力量

關於山口縣人在商業社會中的特徵，還有人是這麼說的：

「就聽命行事者的立場而言，若上司有遠見，能夠指示方向，山口縣人與生俱來的行動力便能發揮出驚人威力，然而若是碰到但求平安無事的消極上司，則會失控、缺陷畢露。反之就領導者的立場來說，要是沒有好下屬，很可能就會變成孤軍奮戰，但若下屬中有具同樣行動力的人存在，力量就會倍增。」

換言之，山口縣人是無法單打獨鬥的。正因為他們是有了伙伴才能發揮力量的類型，所以相對地，對伙伴的要求也很高。

「一旦建立起互信，他們就會忍不住對伙伴做出很細節的要求。所以他們對好朋友講話也會很尖銳、苛刻，有時甚至會反過來為自己帶來不利。但沒辦法，他們的性格似乎就是既然有了信任，便一定要達到為對方兩肋插刀在所不惜的程度。」

正因他們有如此的縣民性，很多人都以為他們對錢的事情不會斤斤計較，但實際上令人意外地，據說他們的金錢觀念可是有其嚴謹之處。

山口縣從很久以前開始就有「談錢傷感情」的風氣。都是因為明明政治和經濟無法切割，他們卻只一味地膨脹政治夢想的關係。儘管如此，節儉儲蓄的觀念仍代代相傳至今，據當地銀行表示，他們「儲蓄熱絡」。

「比方說，若自己蓋房子需要一千萬日圓的資金，山口縣人就會用八百萬蓋房子，然後把省下來的兩百萬存起來。」

仍留有男尊女卑的風氣

山口出身的前首相佐藤榮作在生前說他打過太太的發言，曾一度成為全球話題。雖然不是因為男人打女人而有此結論，但山口縣至今的確仍留有男尊女卑的風氣。

至戰前為止，即使是夫妻，女人也不能越過男人的床頭，或是比男人先洗澡。現在山口的男性也依舊偏好溫順賢慧的女性。在家裡，男人多半蠻橫霸道，而這樣的環境亦孕育出了政治家傾向。

山口縣雖然也出了很多文化界人士，但往往難以堂堂正正地出現在陽光下，因為一旦立志追求文學之類的領域，就會被當成娘娘腔。像詩人中原中也便在他十六歲那年的春天，為了能一展長才而離開了山口縣。

在政治上，山口是個絕對保守的王國。雖然也有野坂參三及宮本顯治等革新派政治家，但他們絕不在山口縣內競選。而其原因就在於山口縣的產業結構。

山口縣的瀨戶內海沿岸一帶有許多新興工業都市的園區，在該處工作的縣民大半都屬於中產階級家庭。眼前的生活無虞，加上傳統的同鄉意識，其政治傾向無論如何就是會變得很保守。

在NHK放送文化研究所於一九七八年所做的全國縣民意識調查中，對「你認為天皇是值得尊敬的嗎？」一問提出肯定答案的人數比例，山口縣與熊本縣並列為全國第一高（百分之七〇．八）。這兩縣在戰前及戰爭期間，進入陸軍大學校（培養陸軍高級將校的學校，位於東京的青山，直轄於參謀總長之下）的入學率亦是互爭一、二，且今日仍是自願加入自衛隊者最多的縣等，因此NHK的調查結果被認為和這些現象有所關聯。

但在一九九六年進行的同一調查中，山口縣對該問提出肯定答案的人數比例卻降至第七名。關於此變化之成因，大眾有各式各樣的推測，一般認為很可能是對天皇意識的世代差異變大所導致。另外順便補充一下，在曾為城下町的萩市一帶，吉田松陰是足以與鹿兒島之西鄉隆盛匹敵的人物，到了松陰神社便會看見刻著令人震撼的「明治維新胎動之地」等字的大石碑，然而儘管如此，在不久前舉行的自衛隊招募考試中，對於「你所尊敬的人物是誰？」一問，據說只有極少數人寫的是吉田松陰，看來這部分似乎存在著不爭的世代落差。可想見年輕世代對天皇的看法也正在一點一滴地改變著。

具高度的資訊收集力

雖然有愛打高空、說大話的毛病，不過山口縣人其實亦有其嚴謹縝密之處。司馬遼太郎在名為《花神》的小說中，寫了一些有關山口縣人的資訊收集能力的內容。

「長州人本來就愛寫文章，與伙伴、友人之間的信件往來十分頻繁，因此在其領地內的街道上，總有飛腳問屋[6]的人抱著一堆信件四處奔走。不論是藩內的資訊交流，還是針對江戶或京都等地的資訊收集能力，長州藩都比其他藩要出色許多，這原本就是長州人的共通特性。而這共通特性後來更進一步成了此藩居民機靈敏捷、對時勢反應犀利迅速的一大主因。」

還有，我在開頭處曾提到的理論性，山口縣人也確實具備。

6 相當於今日的快遞公司。

因為對於被評為愛打高空、說大話一事，縣民是如此反駁的：

「我們絕不是信口開河地胡說八道。我們是先說出大方向，然後再努力實現，不僅止於嘴上功夫。只不過我們做事的技巧不好，才會被其他縣的人認為是狡猾的傢伙。」

四國地方的性格診斷

德島縣人
香川縣人
愛媛縣人
高知縣人

四國整體的性格

四國雖是一個大島，但終究還是分成了四國。四個國（縣）分別以突出的特性強調其本身的存在。基本上，這四縣之間不太有什麼連結，反而是各自與四國之外的其他府縣有所關聯。

據說在四國有一種現象，那就是一旦電視新聞提到四國中的某個縣，其他縣便會抗議。例如愛媛縣的電視新聞若播報了高知、香川和德島的事件，電視台就會接到抗議電話說「為什麼不播愛媛的新聞！」

此外關於四國，還有個有趣的傳聞是這麼說的。如果意外獲得了一萬日圓，四國的人會怎麼做呢？愛媛的人會說「這真是太好了」然後就拿去買東西。香川的人會說「唉呀，真是太幸運了」然後就全部拿去存起來。德島的人會說「好極了，這下有資金了」然後就把這筆錢增值成好幾倍再存起來。最後，高知的人則會說「真是賺到了！趕快來去喝一杯慶祝吧！」然後就把錢喝到一毛不剩。

從地圖上看來，四國的確是一個島，但臨瀨戶內海的一側和臨太平洋的一側兩邊性格完全不同，具有類似中國地方的瀨戶內海側與日本海側般的巨大差異。在思考四國四縣的縣民性時，最好能夠先牢記這點。

德島縣人

強韌的精神

德島縣出身的名人：
後藤田正晴、仙谷由人、尾崎將司、板東英二、瀨戶內寂聽、立木義浩、三好和義、柴門文、竹宮惠子、大杉漣、安潔拉・亞季、大川隆法

德島縣北部的阿波與南部地區，在性格方面相當不同。

南部溫和沉穩，人很好，被評為性格圓融。雖然很難和陌生人打成一片，不過在相處的過程中往往就能深切感受到他們的親切友善。

北部的阿波地方則是表面上的人際關係雖好，但似乎也有相當難搞的一面。就如「人前溫柔和善，人後嚴酷冷淡」之說，也是有比表面上看來更為狡詐之處。

德島縣有句方言「へらこい」(Herakoi)很常用，意思是指「奸詐、狡猾、精明」。不過德島的縣民性基本上是勤奮務實的，然後再加上相當程度的「へらこい」。此外還常有人說他們的特徵就是愛扯別人後腿。

這樣的性格，據說是始自江戶時代的藍染產業。阿波聚集了來自全國各地的藍染商人，雖說在栽種蓼藍的農民及買賣交易蓼藍的商人之中，有人真的因此發了財，但或許因為此地的貧富差距本來已經很大，再加上經商買賣，便造就出這種有點扭曲的性格。

說到德島，最有名的莫過於「阿波舞」。據推測，這種極為獨特的舞蹈形成於江戶時代的文化、文政時期（一八〇四～一八三〇），一般認為阿波舞受到由藍染商人所傳入之上方[1]戲劇的影響極大（《阿波舞》，德島新聞社編，德島新聞社出版）。當時，藍染商人在城鎮裡大為發展，而他們運用豐富資產享受生活的結果，便是導致遊樂場所在阿波城下町的德島興盛起來，歌舞音樂等不斷持續發展，直到現在。在這阿波，有名的人形淨瑠璃之所以十分發達，亦是基於此背景，彈三味線的人也隨之變多。這樣的風氣今日仍持續著，而且還孕育出了敞開心胸享受的氛圍。而阿波舞就是在如此的環境背景下誕生的。另外，正如所謂的「讚岐男、阿波女」，據傳這裡美女多，不過其實也是因為阿波商人把全國各地的美女帶到此地的關係。

對阿波的人們而言，由於藍染商人是購買他們所做的藍染產品的重要客戶，也是在當地大肆灑錢消費的老顧客，所以阿波人對其他地方來的人總是很親切。

1「上方」是指京都一帶，亦即天皇所在之地。

但藍染商人畢竟也是商人，可不是隨便就能搞定的。於是在應付這種難搞的商人特質的過程中，便形成了阿波人的「人後嚴酷冷淡」性格。

競爭意識強烈的一匹狼型

俗話說「東邊的長野或西邊的德島」，這指的是公共事業的賠償談判狀況。長野縣人的好辯先前已經介紹過，而德島又是另一種難搞。長野是一直討論個沒完，德島則是遲遲無法展開對話，鄰居之間總是在相互刺探、猜測對方心思。

在NHK放送文化研究所進行的全國縣民意識調查中，對「政黨及政治家等與其把時間花在爭辯討論，還不如將國家的政治交給強而有力的領導者比較好」這一意見表示贊同的德島縣民比例，在一九七八年為全國最高，在一九九六年也排名第三。就如剛剛提到的，在德島，鄰居之間總是在相互刺探、猜測對方心思，遲遲無法展開對話。因此他們非常不擅長靠自行討論的方式來做決策，於是很多人覺得那還不如就把一切都交給某個偉大的領導者比較好。而這或許就解釋了為何會出現這樣的調查結果。

不過在同一調查中，對「工作是很辛苦的事」表示贊同的比例，德島在一九九六年名列全國倒數第二，由此可見其工作意願之高，在全日本算是數一數二的。

之所以會有如前述的「如果意外獲得了一萬日圓，德島的人會說『好極了，這下有資金了』，然後就把這筆錢增值成好幾倍再存起來」這種說法，應該就是因為他們積極行動的意願總是很強烈的關係。

在商業上屬於厲害的對手

德島縣人的「へらこい」（狡猾）性格在商業社會中是如何發揮的？又或是如何為大眾所認知的？這部分可說是相當有意思。

所謂「人前溫柔和善，人後嚴酷冷淡」的雙面性格，從某些角度來看，還滿適合金融、證券及保險業界中面對客戶的工作。畢竟這些工作光靠笑臉是成不了事的，有時也需要有足夠的冷靜犀利。

另外，德島縣受大阪經濟的影響很大，甚至有所謂的「大阪府德島」之稱。而在這方面，其金錢觀也是極度嚴謹、毫無漏洞。德島縣人之所以會被說成一旦拿到一萬日圓便會將之增值好幾倍再存起來，應該就是因為有如此嚴謹的金錢觀念吧。

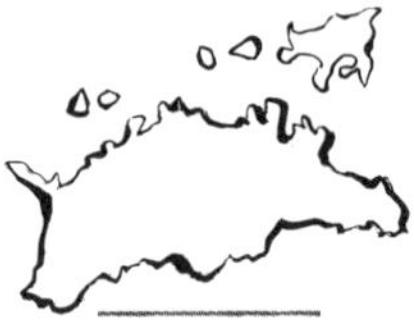

香川縣人

香川縣出身的名人：
大平正芳、菊池寬、西村壽行、西村望、岸田秀、松本明子、本廣克行、高畑淳子

學得快，人機靈

香川縣是日本數一數二的教育縣，女性的大學入學率在全國名列前茅，縣民的知識水平相當高。

香川縣民之所以熱衷於教育，與其地狹人稠的環境有所關聯。若無論如何都要去京阪神拚出個成就的話，就必須有學歷作為後盾才行。因此還待在香川縣時，便要好好在教育上投資，以培養實力。很多香川縣人都具有這樣的觀念。

不論從該縣內的哪個地方出發，都能在兩小時內到達縣廳所在的高松。由於隨時都能舉行各種教育相關研討會，故能迅速達成思想的統一與普及。各校沒有明顯差距，反倒因此有點缺乏特色，不過就學校教育的環境而言是很理想的。

此外香川還盛行幼兒教育，而這樣的熱衷造就了孩子們在中小學裡的優秀成績，以及學得快、人機靈的縣民性。說得好聽是積極進取又靈活圓融，但相對地放棄得也快。

香川位於四國的玄關位置，故會不斷有新資訊及文化進入。人口密度高再加上人才的流入頻繁，因此也培育出了相當高的協調性。總之就是做什麼都很完美、得體。

遭逢逆境時也會有脆弱的一面

香川自古以來一直都有所謂「讚岐擅模仿」的評語。不論時尚還是文化，他們消化新事物的速度一向非常快，該評語便是由此而來。不過這點也導致他們缺乏原創性的缺陷。

香川也和德島縣相同，有「へらこい」一詞，此語帶有精明、工於心計之意，而其縣民性也確實可說是對利益十分敏銳。不過不太敢人狡猾的感覺，畢竟他們氣質溫和，總給人親切友善的印象。

正因性格如此，所以香川縣人在商業社會中的表現往往十分巧妙、精彩。由於協調性佳，能準確看透派閥之間的權力關係，並順應主流，同時不太會讓自己樹敵。

然而香川縣人缺乏能引領下屬或同事前進的堅強意志，此外也不太有反骨精神，所以一旦遭逢逆境，會顯得意外地脆弱。這點就上司眼中，不免會讓人有靠不住的感覺。

在工作上，理解、學習的速度很快，看起來就是個狠角色，只可惜缺乏毅力，一旦撞到牆壁、遇上困難，還是一樣會顯露出脆弱之處。亦即所謂的虎頭蛇尾。

不過他們很少失誤、犯錯。雖然少了出色的創意與點子，卻具備任何工作都能順利完成的能幹的一面。在越大型組織裡，香川縣人發揮其特性的機會就越多。

圓滑世故，擅長接待應對

日本的主要企業在高松幾乎都設有分公司或營業處，就這層意義而言，香川縣人是開放且善於交際的。再加上具有「へらこい」(精明)所代表的精明能幹，故其性格可說是非常適合應對、接待。在體察客戶的心意方面十分敏銳，不僅能讓對方心情好，也能確實地搞定工作。

可是就戀愛對象而言，香川縣的男性有時會令對方覺得有點美中不足。雖然圓滑世故、長袖善舞，對女生的心情、感受也都很用心體貼，但總是容易給人身為男性卻器量狹小的印象。據說很多女生都覺得他們「人不壞，可是感覺就是差了那麼一點」。儘管聰明又溫和，但就是少了那麼點個性與強悍亦是問題所在。

另外，隸屬於此縣的瀨戶內海小島——小豆島，因作為昭和二十九年（一九五四）的電影《二十四之瞳》（由木下惠介執導，高峰秀子主演，壺井榮原作）的故事舞台而廣為人知，還吸引了許多觀光客。故事描寫的是昭和三年（一九二八）左右在該島上的小學中，一名女老師與十二名學生之間的溫暖互動。而一般認為，其他縣的人對香川縣人的印象，應該有不少是來自於這部電影。

愛媛縣人

愛媛縣出身的名人：
正岡子規、秋山真之、大江健三郎、早坂曉、丹下健三、鴻上尚史、二宮清純、天童荒太、水樹奈奈、真鍋薰、秋川雅史

慢慢散發出獨特味道的性格

愛媛縣是四國四縣中最不起眼的縣。畢竟它不像誕生了許多維新英雄的高知縣，以及以阿波舞聞名全國的德島縣那樣具有某些強烈的形象。

例如縣廳所在的松山市，作為《少爺》[2]一書之故事舞台，讓其地方都市的形象無論如何就是比較突出。此外就四國的代表都市而言，大家多半都會先想到具玄關地位的香川縣高松市，但其實松山的人口遠比其他地方多得多，是四國最大的都市。

這松山市的形象，不論好壞，都象徵了愛媛的縣民性。受惠於良好的氣候風土條件，這裡的人感覺起來相當溫和沉穩，由於當地風氣是以存了點錢就在道後溫泉附近買個房子隱居為理想，因此似乎算不上是有欲望。

再加上松山屬於文人墨客之都，以正岡子規、高濱虛子為首的俳人及小說家輩出，穿和服的女性也很多，整體來說具有平穩而開放之處。

不過愛媛可大致分為三個地區，包括以今治及新居濱為中心的東予、松山所在的中予，以及以西邊的宇和島為中心的南予，三區的性格都有些不太一樣。簡單來說，東予屬於活動型，中予為溫和型，南予則是開朗型。

位於南予的宇和島一帶有一種名為「薩摩汁」的知名料理，是將瀨戶內海名產小鯛魚不加調味直接乾烤，然後將魚肉混入白味噌，接著倒入由魚骨和柴魚片所熬成的湯頭並做點清淡調味，最後將之淋在麥飯上食用。剛入口的瞬間，味道稍平，甚至會讓人覺得很不過癮，但吃完後，其美妙滋味才緩緩擴散開來。據說愛媛的男人就很像這薩摩汁。

溫和，沒什麼個性，甚至令人覺得無趣，然而時間久了，其味道的深度就漸漸出來了。雖然淡泊無欲又缺乏個性，但卻具有溫和穩重的魅力。

2 日本作家夏目漱石發表於一九〇六年的長篇小說。

一切都講究「適度主義」

在全日本採按月分期付款制（月賦）的業者中，愛媛縣人所占的比例超過九成之多。而按月分期付款制的發源地正是在今治。

自江戶時代起，愛媛就已有一種稱作「椀船」的小船。據說這種船會載著各式各樣的商品，在瀨戶內海各處巡迴販賣。買方通常都是在盂蘭盆節前後或歲末年終時才付款，這似乎就是按月分期付款制的根源。而此種經商方式在某個程度上雖有些緩慢悠哉，但卻真誠踏實又充滿創意。

正如這「椀船」所象徵的，愛媛縣人具有對一切事物都講求適度的特性。雖然也很努力，但並不貪心，看似傳統樸素，其實又還挺新鮮有趣。

實際上，愛媛縣既是全國數一數二的浪費縣，同時儲蓄率卻也意外地高。儘管重視教育，但也不是什麼都要做到徹底的激烈型。而其對於成就的欲望亦是如此，愛媛男人堪稱最經典的「適度主義」。

正因性格如此，就商業人士來說，感覺會有點難以捉摸。對人態度溫和柔軟，似乎沒什麼自己的想法，話雖如此，卻又不是真的對工作不積極，不僅創意點子多，也有穩定踏實的一面，但看起來就不像是個努力的人。說得好聽是遊刃有餘，說得難聽就是顯然有打混摸魚之處。

這樣寫來，愛媛的男人似乎是具備了成熟大人的從容餘裕，不過也不能忘了還帶有那麼一點草率、隨便。

有句「伊予[3]急著跑」是打從很久以前即流傳於四國一帶的講法，意思是遇到事情時，才聽到一半便興奮地急著衝出去。衝出去無所謂，但重點是根本不知道該做些什麼、又該往哪跑才好。用來形容有點輕率、慌張的冒失鬼。愛媛的男人就是有這種可愛的特質。

適合自由業的一匹狼類型

愛媛縣人的「適度主義」換個角度來看，也是有其聰明、具都會感之處。討厭集體行動的粗俗土氣，工作做得馬馬虎虎，在本質上多半屬於反群體的一匹狼類型。

因此，比起在企業中運用才智，他們更適合靠著創意在世間走出一條路的自由業。而

3 愛媛縣古時為伊予國。

想必也是因為愛媛縣人的思想靈活，以松山為中心的中予才會出了許多俳人。

但位於今治一帶的東予就有些不同了。新居濱自古以來就有別子銅山的礦產，到了明治時代又有大阪的住友財團入駐，更何況今治作為瀨戶內海航線的一大據點，本來就商業發達，因此大阪商人的理性思維已然徹底滲透了整個東予。

剩下的南予，由於平原較少，所以工業也不發達，當地人的性格具有相當濃厚的地方色彩，很講究人情味。在黑潮的影響下，終年溫暖，具有如九州人般的熱情，磊落大方、性情豪爽。

愛媛的縣民性可分為上述三區，不過基於優良的氣候風土，毫無疑問地整體都相當溫和沉穩。儘管如此，就西日本的縣而言，此縣縣民算是比較緬靦害羞，對生活的平靜安穩有相當強烈的期望。

點子多，人聰明

愛媛縣擁有相當多的日本第一，包括養殖鰤魚、養殖珍珠、橘子、伊予柑、奇異果等，不論在提升品質、增加產量方面，各個都是一點一滴努力而來的結果。

就此意義而言，相對於其溫和的性格，愛媛縣人算是相當努力的。只不過在商業的世界裡，這樣的努力往往在適度、差不多的時候就打住了。只要能維持一定程度的收入與地位，他們就覺得夠了、滿足了。

另外在ＮＨＫ放送文化研究所於一九七八年所進行的全國縣民意識調查中，對於「希望能過著安穩而毫無變化的生活」、「會想積極參與本地的活動或祭典」及「除夫妻以外的性行為是無論如何都不可原諒的」這幾種意見，愛媛縣人表示贊同的人數比例都是全國最高，然而在一九九六年的調查中，卻分別變成第十一名、第二十四名，以及第五名，令人忍不住好奇這樣的變化到底是基於什麼樣的原因。由於沒有太明顯的人口遷移現象，所以我想應該和山口縣一樣，可歸因於年輕世代的觀念轉變。

高知縣人

高知縣出身的名人：
濱口雄幸、幸德秋水、江本孟紀、安岡章太郎、宮尾登美子、倉橋由美子、黑鐵弘、山本一力、有川浩、西川潔、間寛平、北村總一郎、廣末涼子

偏好黑白分明

說到土佐[4]，就會想到土佐方言「いごっそう」（Igossou）。依據《新・人國記》（朝日新聞社）一書，「いごっそう」指的是「頑固、倔強，一旦認定，不論旁邊的人怎麼說都絕對聽不進去的土佐人代表性格」。

而其他可想到的詞彙還有任性、好強、彆扭、執拗、乖僻、蠻不講理、桀驁不遜等。

此外土佐的另一大特色就是當地人都非常會喝酒，在高知，不論男女，酒量都很驚人。作家司馬遼太郎在其〈土佐的女人和酒〉一文中如此寫道：

「走在居酒屋群聚的街道上，便會看到不少店門口掛著『誠徵女服務生』之類的海報，可是有些還會加上『但必須是能喝五合[5]以上的人』等條件。看來土佐的女人也不是省油的燈呢。」

在高知流傳著一個有名的故事，就是以前的土佐藩主山內容堂，在藩士們齊聚一堂時對大家說「能喝一升[6]的人站出來」，這時沒有任何人站出來，但問「能喝兩升的人呢？」時，所有人都往前站了一步。

的確，高知縣人不分男女，各個都愛喝酒。而且在高知還不只是單純嗜酒而已，據說還存在著必須樂於接受別人的敬酒、勸酒，否則就無法維持良好人際關係的風氣。這對天生酒量不好的人來說非常痛苦，但高知的人們都相當重視飲酒方面的鍛練。

不過談到高知縣人的縣民性，最突出的莫過於總會想把事情理得黑白分明的特質。其性格不容許中間妥協，無法忍受含糊曖昧。

明治維新時有激烈的尊皇攘夷運動，戰後更誕生出最激進的日教組[7]。此外還出現了「日之丸[8]校長」，每逢二月十一日（日本的建國紀念日）升起日本國旗，持續執行如戰時般的儀式。

4 高知縣古時為土佐國。
5「合」為日本酒的容量單位，一合相當於一百八十毫升。
6「升」為日本酒的容量單位，一升相當於時合，亦即一千八百毫升。
7 為日本教職員組合之簡稱，即日本的教師與學校職員的聯合工會。
8「日之丸」為日本國旗之別稱，因旗子中央象徵太陽的紅色圓形而得名。

相對於其人口數，高知縣的律師相當多。據說就是因為一旦發生爭執，雙方互不相讓，往往必須上法庭解決的關係。而其離婚率從昭和二十五年至四十二年（一九五〇～一九六七）持續高居全國第一，亦是此性格作祟的結果。

不做則已，要做就做個徹底

高知縣人具有豪爽且極為跳躍進步的一面，像坂本龍馬、板垣退助、中江兆民，以及幸德秋水等都是高知出身。從明治維新的中心人物到自由民權運動之祖、無政府主義者……什麼人物都有。

這也可算是偏好黑白分明的「いごっそう」（頑固）性格所展現出來的結果，你以為他們會捍衛傳統習慣，但其實他們想的是革新。對於不合道理的事情不屑一顧，然而若是有理，即使不利於己也要徹底實行。

不過這樣的傾向與任性善變也只是一線之隔。一旦決定了，雖有做到底的堅持力，但對沒興趣的事情連正眼瞧都不瞧一眼。

換言之，在高知縣人磊落大方的背後，同時亦存在有吊兒郎當與冷漠遲鈍。與其訂立縝密的計畫再實行，他們往往更傾向於靠直覺來處理事情。

高知縣出身的作家宮尾登美子，曾在《朝日新聞》的報刊上寫了這樣的內容：

「土佐的男人非常懶惰。他們愛賭博，討厭穩定實在的事物，我想從好的一面看來，這產生了許多如坂本龍馬般格局、氣度宏大的男性。」

的確，土佐的男人不太工作。雖說要做就會做個徹底，但還是太過任性、不穩定。

頑固但胸懷大度

高知的人在組織中無法出人頭地這件事，已為眾所公認。正因其性格是非要弄個黑白分明不可，故在某個程度上難免會導致這種結果。

而且高知縣人即使對同鄉也絕不妥協，他們不會成群結黨地團結一致。就算是到東京或大阪闖出了一片天的高知縣人，也不會把故鄉的人叫來，他們會覺得我是靠自己做到的，你們也都該靠自己，態度可謂相當冷淡。

因此，他們不僅無法融入組織，也不擅長自己建立組織，講白了就是屬於一匹狼的自由業類型。

和這樣的高知縣人來往時，最重要的就是要避免態度及表達方式含糊不清、曖昧不明。如果意見不同，那就不同，最好明確表達立場。當然，爭辯在所難免，若意見不合，那就只能徹底地對話、討論。

高知縣人的好辯是有名的，依據先前的司馬遼太郎的說法，他曾在喝酒的地方目睹他們沒完沒了地爭論著「狗比較聰明還是貓比較聰明」。甚至有人說高知縣人根本是把爭論當成下酒菜來配酒。

然而畢竟是再怎麼討論也不會妥協的高知縣人，所以講到最後翻臉的情況不在少數，只不過他們也不是那麼在意。高知縣人雖然頑固，可是胸懷大度，即使表面上一副不能接受的樣子，但只要說得有理，他們還是會確實遵循。

只是就下屬來說，如果頑固又不知變通，確實會讓人覺得很難用。畢竟高知縣人的另一大特徵，就是具有反權威性格。

絕不擅長待人接物

在ＮＨＫ放送文化研究所於一九九六年所做的全國縣民意識調查中，對「你想以自己的父親（回答者為男性時）或母親（回答者為女性時）做為你人生的典範嗎？」一問回答「否」的人數比例，高知縣為全國最高。此外對「你認為就算壓抑自己，也該要聽從長輩說的話嗎？」、「即使原本有該堅持之處，但當情況不利於己時，你通常會選擇默不作聲嗎？」這兩題提出否定答案的比例，也分別高居第四和第二名。這些都充分展現了「對父母親或長輩怨難從命！」但對自己該堅持的一定會堅持到底，絕不妥協的高知縣人特色。

另外他們也很不具計畫性，往往是感覺來了就一頭熱地栽進去，但對沒興趣的東西則毫不在乎。

在戀愛方面算是後段班

與「いごっそう」（頑固）齊名的是土佐的「はちきん」（Hachikin），這個詞用來形容工作勤奮又充滿活力之土佐女性。比起懶惰的男人，高知的女人總之是能幹得多。

前述的宮尾美登子在同一報紙專欄中還進一步如此寫道：

「土佐的女人非常強悍，愛工作也愛玩樂，不太會往後看，總是勇往直前。所以即使老公跑了，也能一個人好好把孩子拉拔大，這就是標準的土佐女風格。」

先前有提過，過去高知縣的離婚率曾是日本第一，看來其原因似乎就在於「いごっそう」的頑固與「はちきん」的堅強。而這樣的縣民性亦是其歷史人物輩出之理由，高知還真是個潛藏著神秘魅力的縣呢。

九州地方的性格診斷

福岡縣人
佐賀縣人
長崎縣人
熊本縣人
大分縣人
宮崎縣人
鹿兒島縣人
沖繩縣人

九州整體的性格

在日本沒聽說過什麼四國人、四國男子的說法，但九州人、九州男子卻是很常聽到。換言之在九州，超越縣界的連帶意識是非常強烈的。

而常有人說，如此現象的原因在於嚴峻的自然環境。一下暖一下冷，還有颱風頻繁侵襲。再加上有很多火山，總有某一座正在噴發。有些人認為就是這樣的風土使九州結為一體，不過相對於此，更關鍵的應是基於九州的地理位置位在日本西南端，從古至今一直都扮演著與外國文明接觸的玄關角色，總是領先全日本接納最新事物的這點被認為非常重要。

換句話說，九州所具備的開放性與積極進取正是由這樣的歷史背景所生，但不知為何九州一直都只處於玄關地位。九州總是目睹從外輸入的各種文化到達中央後開花結果，因此產生了對中央文化的自卑情節與趨炎附勢心理，進而造就出團結意識。

說到九州，過去在日本的軍隊裡也是以勇猛聞名，至今於自衛隊及防衛大學[1]中仍群集了許多來自九州的自願入伍者。這與九州男子的團結性亦有所關聯，或許是因為他們在縱向人際關係中的批判能力及謹慎思考的天性不太發達，所以才會展現出總是立刻付諸行動的衝動特性。

心理學家兼催眠療法專家成瀨悟策，在某次的訪談中如此說道：

「在東京，很多時候催眠療法發揮不了作用，但在九州卻很快就能成功催眠。真的很有效，好多人都像是被媽媽哄睡的小嬰兒般沉沉入睡。大概是因為九州的人際關係就像媽媽與嬰兒那麼地緊密吧。」

這說法還真是非常有意思。

而若要再提出一個九州的特色，肯定就是進入演藝圈的人非常多這點了。就拿在NHK紅白歌唱大賽中出場表演的人數來說，九州出身者的比例遠高於其他地方。

當地的西日本新聞時不時就會討論一下為什麼九州藝人這麼多？對此該報導引用了九州出身藝人的看法，說是因為與「連過個石橋都要先敲一下，確定穩當才敢過」[2]的謹慎小心相反，他們總是先衝了再說，不太會擔心憂慮，不論什麼困難都會努力克服、勇往直前的關係，而大眾也認為九州人的確有此傾向。不過也有其他人推測，可能是因為九州人的連帶意識極為強烈，即使不屬於同一縣，只要有九州出身的前輩，他們便會基於「同為九州人的輕鬆自在感」而義無反顧地投入其中。

1 培養自衛隊軍官的學校。
2 出自日本諺語「石橋を叩いて渡る」。

福岡縣人

福岡縣出身的名人：
麻生太郎、谷亮子、舛添要一、松本清張、五木寬之、金峰雄（金原峰雄）、赤川次郎、夢野久作、松本零士、高倉健、千葉真一、塔摩利、武田鐵矢、井上陽水、鄉廣美、小柳留美子、松田聖子、陣內孝則、富田靖子、酒井法子、濱崎步、堀江貴文、大前研一、宮崎哲彌、Lily Franky（中川雅也）、吉瀨美智子、蒼井優

大方開明的都市型性格

位於九州最北端的福岡縣，自古以來便以博多港為中心發展起來。而以博多為核心，總是作為來自亞洲大陸之文物移入口的這個地方，對於大陸有著根深蒂固的情懷。福岡除了對自己身為連接大陸文明之玄關感到極為自豪外，亦十分嚮往遍布於海的另一端的各種文化。

這裡的黑田（福岡）藩具有身為大藩的驕傲，進而產生了著名的民謠〈黑田節〉，至今在宴席上仍有很多人會唱這首歌，而由黑田藩士所創作的「酒啊，喝吧喝吧，喝了才能使出這日本第一的槍法，越是能喝，才是真正的黑田武士」，可說是取自於黑田藩的自傲與強勢氣概。實際上，很多人都認為九州男兒的形象應該就是來自於這黑田武士。畢竟與薩摩隼人、肥後牛脾氣、肥前葉隱等多少都有些出入，唯一完美符合九州男兒形象的，只有這黑田武士。

福岡市東半部的博多，是從中世起便蓬勃發展的港都，自由開放，具有來者不拒、去者不追之風氣。不排斥外來人士，也不會害羞怕生。而到東京或大阪等大都市發展的福岡縣民，其鄉土意識似乎不太強烈，此外博多居民的祭典往往都很有派頭且男性化，不會細碎繁瑣，這樣的氣質果然是與黑田武士相通。不過被稱作「博多子」的人們則同時具有京都性格，有著與親切友善完全相反的壞心眼，而有人都認為這正是他們被其他地區的人討厭的原因。

另外位於此縣的筑豐炭田[3]，進入明治時代以後開發於筑豐地區，一直到戰爭結束為止都十分興盛蓬勃。全九州的工人群聚於此，各地的性格、氣質混雜交融。重點是，這裡的工作看不到明天，工人們處於與危險相鄰的環境，打架和賭博都是免不了的。因此這裡產生了名為「川筋氣質」的力與俠義世界，是個強烈講求義理與人情之地，而今日的北九

3 分布在福岡縣東北部到中部之遠賀川流域的煤炭產地總稱。

州市一帶，也由同性質的氛圍所籠罩。較早期的電影《無法松的一生》之主角原型——富島松五郎便出身於現在北九州市的小倉，而火野葦平的小說《花與龍》之故事舞台亦是在北九州市的若松。

直至明治中期為止都還只是個窮鄉僻壤的這個城鎮，從明治三〇年代初開始，以筑豐炭田為後盾，榮登全日本第一大煤炭運輸港，煤炭搬運工與黑道大量湧入，簡直就成了美國西部片裡的那種景象。刀槍齊發的血腥鬥毆到處發生，所謂的「北九州氣質」於焉誕生。這種北九州氣質雖然脾氣粗暴，但性格樂天，任何時候都不會失去開朗活力，心胸開闊是其一大特色。基本上他們多半屬於浪費型的人，很愛請客，據說比起「衣」和「住」，他們更喜歡把錢花在「食」方面。

博多人的讚美之詞其實往往是在罵人

福岡縣自古以來就與海外有所交流，作為西日本的政治、經濟中心，一路蓬勃發展至今。而這樣的歷史，造就了對時代潮流十分敏感且富進取心的縣民性。

其性格是淡泊的，乾脆而不囉唆，也不太排外，據說對於因工作轉調而移居至福岡市等地的商業人士來說，這是個非常好住的都市。

但畢竟屬於都會型，多少有其冷淡之處，例如若是被博多人給當面稱讚了，你最好把它理解為是被臭罵了一頓。就這層意義而言，和京都還真是有些類似之處。

博多子意外地也有吝嗇的一面，此外還很虛榮，相較於花在穿著打扮上的錢，在吃方面算是相當節儉。

還有，不知是不是因為從東京來的分公司或營業處等都很集中的關係，舉凡時尚及展示、室內裝潢等，多少都會採納一些東京的流行風格。購物行為也和東京類似，到處逛到處看的人比較多。

換言之，福岡縣的縣民性，就福岡市周邊地區而言，和在東京的都市人是差不多的。

有所不滿會明白講出來

福岡縣人對於權威式的觀念、想法相當排斥，這無疑也是都市型性格的特性之一，比起相鄰的佐賀及熊本，或是山口等縣，福岡算是個人意見很強烈的地方。

前面已介紹過九州人的整體形象，不過福岡縣似乎可說是九州之中縱向社會程度較低的地區。

若從商業社會的角度來考量福岡縣人的縣民性，他們樂於接納新事物的性格及開放性，形成了極為開朗的形象。只不過相對於表象，亦有其壞心眼之處，故不能只從表面來理解。

以上所說的主要是指福岡市周邊地區的縣民，而就如先前提過的，出身於筑豐和北九州的人還留有一些地區性的縣民性，感覺上比博多子還要更有個性。

佐賀縣人

佐賀縣出身的名人：大隈重信、原口一博、北方謙三、村田英雄、孫正義、一之瀨泰造、古賀稔彥、松雪泰子

葉隱與「ふうけもん」（Fuukemon）

說到佐賀，某個年齡層以上的人應該都會想到有名的《葉隱》，然後可能也同樣要在某個年齡以上，才會想到常出現在夏季檔期電影裡的「鍋島藩化貓騷動」[4]。其中《葉隱》是十八世紀初，由佐賀藩士山本常朝口述、田代陣基記錄而成的著作，內容描述的是鍋島家初始的風氣與操守，目的是要傳達武士的生活規範、教訓。該書以侍奉鍋島家為人生第一目標，試圖在對主君的忠誠之中找出知命安身之境界，而書中開頭的「所謂武士道，是指看透死亡之事」這句尤其廣為人知。

在鍋島藩，此書作為精神教育之經典而備受重視，甚至有「鍋島論語」之稱，到幕末為止對人心一直有很大影響。據說戰爭期間，在佐賀縣的國中裡，每天早上都必須全體一起大聲誦讀一段《葉隱》。此外在戰時，《葉隱》也被收錄進全日本的國中教科書裡，故對某個年齡以上的人來說，這是個非常令人懷念的名稱。

由於戰後《葉隱》已不再納入教科書，因此某個年齡以下的人似乎都不知道它的存在，但身為發源地的佐賀又是如何呢？實際到佐賀車站探查後發現，年輕人可說是毫無興趣（不過聽說在三島由紀夫事件[5]後，曾一度有部分人相當熱衷就是了），二手書店裡的《葉隱》舊書滿是灰塵。至於「化貓騷動」則無關年齡，大家幾乎都沒什麼興趣。反而是從外地來的人因電影、電視等的關係，對這妖怪傳說的興趣更甚於《葉隱》，但這片土地上的人們對這故事似乎沒什麼反應。

再回到《葉隱》的部分，其內容不過是說明了理想的武士樣貌，並非實際存在的東西。不過會產生出如此著作這點，在思考佐賀的縣民性之基礎時是非常有用的。

常用來形容佐賀縣民性的方言有「ふうけもん」（Fuukemon）、「いしゅうもん」（Ishuumon），兩者都是笨蛋、傻瓜、怪人、偏執狂之類的意思，總之就是指不圓滑、很難相處的人，或是極度固執而不知變通的傢伙。像是《葉隱》的作者山本常朝等人，也讓人

4「化貓」是指由貓變成的妖怪，「鍋島藩」就是佐賀藩，由於藩主為鍋島氏，故也稱鍋島藩。而此貓妖怪肆虐導致全家慘死的「鍋島藩化貓騷動」，是該藩主怕幕府介入干涉其內政而編造出來的傳說故事，目的是用來騙取民心同情。

5三島由紀夫於一九七〇年十一月二十五日試圖發動政變，但因無人響應而失敗，結果切腹自殺以死諫世的事件。

有種應該是屬於這類型的感覺。

努力不懈型的工作狂

據說佐賀縣很多人都屬於在精神上裝腔作勢的人。對外彬彬有禮、道德高尚，但內心意外地卻很自私，有幸災樂禍的傾向。

不過在這方面唐津側與佐賀側兩者是有差距的，堅忍的佐賀縣人性格一般來說似乎是越往南部（佐賀側）越強烈。

以「化貓騷動」聞名的佐賀鍋島藩在德川政權的三百年間採取了嚴格的鎖國政策，不准裡頭的人往外看，也拒絕來自外界的批評，可說是鎖國中的鎖國。因此至今佐賀縣人仍被評為「內強外弱」，缺乏社交性又不夠磊落大方，還留有總是只面對著自己的那種鬱滯沉悶。

儘管縣民性如此，但一絲不苟的天性讓他們工作起來相當認真。而現今佐賀縣男性的實際工時（每月）高居全國第一這點，恐怕也是源於這樣的一絲不苟。畢竟對其他縣的人來說已經夠好、夠滿意的，佐賀縣人可能還是不滿意。

在組織中，彬彬有禮的佐賀縣人也呈現出嚴謹的形象，總是堅忍努力地貫徹到底。由於性格無法變通，無法給人靈巧能幹或聰明的印象，但的確穩健可靠，也很少會犯大錯，只是實在太過認真。明治時代以後有很多佐賀縣出身的人進入司法界這點，應該就是因為這樣的性格。然而，如此的認真嚴肅有時容易把自己逼得太緊，因此也可能成為佐賀縣人的敗因。

適合相親甚於戀愛

佐賀縣人不擅長表達情感，因此在戀愛方面老是敬陪末座。

然而一旦熟悉了，所展現出的情感可是意外地細膩。或許在面對知心的對象時，佐賀縣人的堅忍自抑就會減弱許多吧。

只是此地的風土民情畢竟較為封建保守，對戀愛的觀念、態度難免很老派。他們相當在意周圍的人的看法，很可能比較適合相親。

長崎縣人

長崎縣出身的名人：西岡武夫、城島健司、新庄剛志、佐藤正午、村上龍、立花隆、野田秀樹、岩松了、內田春菊、石黑一雄、美輪明宏、前川清、佐田雅志、福山雅治、原田知世、役所廣司、蛭子能收

開朗愛玩但也喜歡思考

長崎一整年都有各式各樣的祭典，除了較有名的盂蘭盆和御九日外，隨時都有各種祭典在不同的地區舉行。

長崎的縣民性一言以蔽之，就是自由開放。畢竟是在江戶長達三百年的鎖國政策下唯一對內外各國大開自由之窗的地方，如此不具封閉性的環境背景，對縣民性格的形成有很大影響。

長崎為幕府直轄地，卻有反幕府運動半公開地進行。長崎的居民既非擁幕派，亦非保皇派，就只是一般居民而已。而這種的自由開放態度，可說是長崎縣民性的最大特色。

不過，曲折複雜的海岸線與數量多達六百的眾多島嶼賦予了長崎縣民多樣化的性格，因此要歸納出一個統一的縣民性相當困難。

比起軍人，長崎自古以來被認為是藝術家及經濟人[6]較為突出的地方。長崎縣出身的小說家、畫家及音樂家等確實很多，這點亦呼應了其開放性格。不過在那光明開朗之中，似乎也存在有喜歡深入思考的天性。

相當靦腆害羞

說到長崎，大家總會浮現開朗時髦的印象，但其實他們的縣民性是相當緬靦害羞的。

在NHK放送文化研究所於一九七八年所做的全國縣民意識調查中，對「與人第一次見面會讓你覺得很沉重、有壓力嗎？」一問提出肯定答案的人數比例，長崎高居全國第二（第一名是青森）。

一般來說，九州人給人活潑外向的印象，但不知為何卻也有怕生、害羞的傾向，尤其長崎縣人在這方面似乎特別嚴重，讓人有些意外。

6 以最大化自身經濟利益為唯一行動標準的人。

長崎的縣民性還有另一重要特徵，就是對宗教十分虔誠。在前述調查中，對「你是否覺得神也好佛也罷，總之希望能有個心靈上的寄託？」一問提出肯定答案的人數比例，長崎是全日本第一。而對「對神或佛許願的話，願望應該會成真」表示同意的人數比例是全國第三高，另外，相信死後有另一世界存在的人數比例，也同樣為全國第三。

這和此地很早就接納基督教多少有些關聯，不過包含佛教在內，長崎縣民似乎具有相當傳統的宗教觀。如此保守的心思亦反映在其人際關係、金錢觀念和倫理觀念方面，這點與相鄰的熊本及佐賀非常相似。

生活過得很是悠閒愉快

走在長崎的街道上，第一個會注意到的就是以中華料理為首的各式餐飲店家非常多。早在江戶時代之前，長崎就以外國美食的入口聞名，在日本的食物史上占有一席之地。

在這方面，最廣為人知的非「長崎強棒麵」莫屬。將肉類、貝類、蔬菜等加進湯麵中一起煮的中華料理風鄉土料理，就是所謂的長崎強棒麵，甚至漸漸風行至全國各地。

長崎不僅有享受飲食生活的風氣，總之他們偏好將整體生活都過得很悠閒愉快。這說得好聽是寬裕有餘，但換個角度來看，也可說是有點溫吞而缺乏積極態度。

就商業人士來說，態度開放的長崎縣民不論在怎樣的職場上、擔任任何職種，似乎都能夠順利融入，亦即對環境的適應力極佳。此外他們不屬於工作狂的類型，往往給人較熱衷於業餘嗜好的印象。不只工作做得還不錯，同時也懂得均衡地分配時間在玩樂及興趣嗜好上。

長崎女性也是相當自由開放的，可能是因為在貿易及工商業界的女性經濟收入相對較多的關係，她們在社會上的言論影響力比起男性毫不遜色。而不論男女，長崎縣人似乎都有其悠然自得之處。

熊本縣人

熊本縣出身的名人：
細川護熙、姜尚中、川上哲治、古葉竹識、山下泰裕、石牟禮道子、野田知佑、江口壽史、水前寺清子、八代亞紀、石川小百合、森高千里、宮崎美子、笠智眾、上田晉也、有田哲平

頑固的「肥後牛脾氣」

說到「肥後[7]牛脾氣」，與土佐的「いごっそう」（頑固）不分軒輊，都給人極為強烈的頑固印象。

不過為太平洋的洶湧波濤所進逼的高知，和面對散布著天草諸島之內海的熊本，兩者雖同屬頑固一族，卻有某些微妙的差異。

肥後牛脾氣不知為何，就是會想反抗體制，具有別人說右他就想講左的詼諧的一面。而熊本的縣民性亦有幾分陰沉之處，冷靜且深思熟慮者相當多。故不會盲目輕信別人說的話，會先自行確認後，分辨是非，最後才採取行動。

熊本縣的人一般來說人都很好，本質上親切友善，只是態度粗魯又比較不擅言詞，有將善意表現為粗言惡語的傾向。此外，當地至今還留有不接受外來者的風氣。這些縣民性似乎也強化了其頑固程度。

古有言「薩摩的大提燈，肥後的鍬形」。

這意思是指薩摩的人是由帶頭的人拿著大提燈，前輩之後陸續由後輩跟隨。但相對於此，肥後的人則是每個人都戴著鍬形[8]的頭盔。也就是說，每個人都以領導者自居，所以總是很難達成共識。

另外還有「肥後好辯講不停」的說法，這也是類似意思，就因為所有人都各持己見，於是不管討論多久都討論不出一個結果，最後淪為「為辯而辯」。像幕末時，為了動員肥後的保皇派而來到此地的清河八郎，他因受不了好辯的肥後人最終拂袖而去的故事就相當有名。

從上述的各種例子看來，肥後牛脾氣似乎是相當麻煩難搞的呢。

7 熊本縣古時為肥後國。

8 裝在大將軍頭盔正面的兩個犄角形裝飾。

必須先被說服才願意動手做

與薩摩及肥後有關的寓言還有如下述這樣的：

「一旦坐上轎子，直到下轎為止都默不作聲的是薩摩的武士。而都坐上了轎子卻仍會問『這轎子會去哪裡？』的，則是肥後的武士。」

換言之，熊本縣人看似豪放不拘小節，但其實意外地神經質又氣量狹小。而且明明頑固又愛以領導者自居，卻不擅言詞，因此容易被其他縣的人誤解。就像是呆望著春天的彩霞般，實在不知道他在想些什麼。

正因熊本的縣民性如此，所以成就都不太高。甚至在舊日本軍的時代，曾有「肥後中將」一詞，意思是熊本縣人即使出人頭地，也就只到中將等級，當不了將軍。

而作為下屬的熊本縣人也是很難搞，絕對沒有被命令「給我做」就會一口答應「好」這種事，非得解釋到足以說服他們，否則他們絕不動手。

再加上他們不對掌權者阿諛諂媚，即使年輕也自有其堅定信念。只可惜不擅言詞，所以常讓人有點難以理解。

不過當然，熊本縣人若是作為上司，也會產生同樣困擾。不輕易傾聽下屬意見，在組織中又容易被孤立，因此不太能倚賴。看來與其當個上班族，熊本縣人似乎更適合從事自營業。

尊重傳統慣例

在縣民意識調查的結果中，熊本縣人呈現出了清楚的特徵。

在NHK放送文化研究所於一九七八年所做的全國縣民意識調查裡，對「會想在平日生活時盡量節儉，好存下一些錢或財產」、「應該要尊重傳統慣例」、「對神或佛許願的話，願望應該會成真」這些看法表示贊同的人數比例，熊本縣都是全國第一。而對「你是否覺得神也好佛也罷，總之希望能有個心靈上的寄託？」一問回答「是」的人數比例，則是全國第二多。由此可充分看出熊本縣人珍惜並尊重傳統慣例、篤信神佛，且以儲蓄為目標過著節儉生活的特性。

此外在一九七八年的調查中，對「你認為天皇是值得尊敬的嗎？」這題回答「是」的人數比例，熊本也與山口縣並列第一。

熊本的這種傳統與保守性，以縣廳所在的「軍都」熊本市為象徵。包括明治時期的熊本鎮台[9]在內，有舊陸軍時代被譽為日本最強軍團的第六師團、第二十三師團駐紮於此，戰後亦有美軍、自衛隊等繼續駐守至今。是個不折不扣的軍都。

而且政府官員也很多，上情下達的精神普及各處，如此自然會變得很保守。像昭和四〇年代學生運動興盛時，在那些幹部成員們的演講中一定都會聽到要「打垮軍都熊本」。

甚至到了現在，在熊本市民之中也完全看不到任何對自衛隊有所排斥的徵兆。據說不論再怎麼招人也總是很難招滿的自衛隊，在熊本縣可是不曾有過這方面的困擾。

綜合考量上述的各種特性，保守且個人主義強烈的熊本縣民性便於斯浮現。

出乎意料的戀愛高手

縣民性一向是複雜的，要用一句話講完一個縣的縣民性幾乎是不可能。熊本也一樣，在他們身上還是看得到與前述內容相互矛盾的特徵，那就是流行服飾。

我個人第一次拜訪熊本時的感覺是，與流行服飾相關的店家非常多。賣女性服裝及飾品配件的商店四處林立，完全不是從其「軍都」形象所能想像得到的。我想若長崎是「食之都」，那麼熊本就是「衣之都」了。

而且這樣的印象似乎不只有我有，最近有本雜誌便刊登了一則關於東京某知名流行服飾專門店的訪談，內容如下：

「每到畢業旅行的季節，就會有大批高中生來消費，人數多到簡直像是有遊覽車直接把他們載到店門口般，尤其來自熊本的學生特別多。最驚人的是，所有學生穿在制服內的上衣都是進口貨，腳上穿的也都是進口球鞋。」

富時尚流行感這點，代表了女性很活躍。事實上，熊本的女性相當強勢，甚至曾被大宅壯一[10]稱為「猛婦」。絲毫不遜於牛脾氣的男人們。

所以和熊本女性談戀愛時，千萬別以為其縣民性保守，就先入為主地認為熊本的女人都很溫柔婉約。她們其實會很直接地講出心裡的想法，也很討厭男人優柔寡斷的態度。

9 「鎮台」是過去日本陸軍最大的一種常設部隊單位。

10 日本著名的記者、社會評論家。

大分縣人

大分縣出身的名人：
福澤諭吉、御手洗富士夫、宗茂、宗猛、磯崎新、高山辰雄、筑紫哲也、古手川祐子、松下龍一、小野不由美、南高節、錦野旦、山下久美子、深津繪里、中山裕介

態度強硬冷淡，但性格誠實耿直

大分的縣民性其實不太好捉摸。

在大分流傳著一個說法叫「赤貓根性」，意指心胸狹窄、自私自利、小氣、唯利是圖，又缺乏協調性，而就這層意義來說，大分縣民彼此扯後腿的現象似乎真的相當嚴重。

有人便舉了這樣的例子：

「唸國中時我是坐火車通學，每停一站，若有同伴下車，剩下的其他人裡就會有人針對剛剛下車的人提高嗓門大聲說『那傢伙很壞心』。接著下一站又有另一人下車的話，其餘的人又會講剛下車那個人的壞話。後來我聽說，這裡以前有為數眾多的小藩林立，每過一站就換一個藩。所以才有對其他藩的人態度非常封閉、互相講彼此壞話的現象。」

大分的確是小藩錯雜並存的地方，往往過個橋就是另一國了，因此不論領主還是居民，都變得很排外、封閉。

或許就因為這樣的特性一直留存至今，導致大分的男人都有以自我為中心的傾向。不太會在第一次見面時顯露情感。

講起話來十分強硬冷淡，雖然有時會讓人聽了很不爽，但就像外表醜陋的水果一樣，雖然不好看，裡頭卻有著滿滿的甜美果肉。他們不擅言詞，可是誠實耿直。

以潛藏的積極性突破逆境

大分縣民的缺乏協調性，也可算是其個人主義意識的一種展現。儘管看起來樸實耿直，內心卻潛藏著積極態度。

在一九七八年所做的ＮＨＫ放送文化研究所的全國縣民意識調查中，對「你希望過著安穩而毫無變化的生活嗎？」一問提出肯定答案的人數比例，大分縣是全國最低。

這樣的性格，似乎與面向瀨戶內海的開闊地理條件也有所關聯。小藩分立的背景孕育出了自主獨立之氣概，然後再加上四國、中國及關西的商業主義式的理性。

換言之，大分的縣民性特色就在於，他們其實比表面上看起來還更積極進取。乍看遲鈍冷淡，但其實內心可是波濤洶湧，非常地野心勃勃呢。

喜歡幽默，很多都是點子王

大分縣有個叫「吉四六話」的民間故事，內容描述某個村子裡有個叫「吉四六」的男子，某次被村長罵說他做事總是慌慌張張地，所以才會搞砸，但後來失火時，他便先刮了鬍子，把整套禮服都穿好後，才慢條斯理地叫醒村長說「村長先生，失火了。」結果又被臭罵一頓。這是個機智幽默的小故事，而由自古至今一直為此地居民所喜愛這點看來，大分縣民似乎是非常地熱愛幽默感。

大分縣從三十年前便開始推行所謂的一村一品運動。這運動是由縣內的各個村子分別推出一種特產來販賣，藉此發展各地特色，而到了第十年時，甚至成功遠赴洛杉磯舉辦首次的國際商品展。

這可算是個由政府單位有效激發出大分縣民潛在積極性的好例子，只要有好機會，他們便可能出人意料地來個大展身手——這就是大分縣人。

因此，在商業世界裡，其表現有可能因上司的培育方法不同而大不相同。不擅言詞又遲鈍冷淡的印象固然無法否認，不過一旦相處過，就會發現他們擁有積極態度與幽默感，還有相當細膩的一面。

當各位有個大分縣出身的上司時也一樣。一開始無論如何就是很難親近，在他們身上看不到什麼九州男子的豪爽，甚至反而讓人覺得有點陰沉、封閉。但只要你主動投入，他們便會有所回應，且由於他們對部門內的團結一致有很強烈的要求，因此一旦敞開心門，就會親切熱心地給予指導、建議。

只是大分縣人仍留有善妒的習性，容易為了一點小事變得疏離，這部分若不予以多加注意，他們的「赤貓根性」就會顯露出來。

據說在大分培養不出第二代議員，這是其缺乏協調性、厭惡權威體質的一種展現，同時也是不輕易妥協於現狀之積極態度的證據，大分縣民的好強由此可見一斑。即使露出了「赤貓根性」，大分縣人依舊具有在逆境中堅忍不拔的體質。

宮崎縣人

性格正直不騙人

宮崎縣出身的名人：小村壽太郎、若山牧水、福島瑞穗、東國原英夫、溫水洋一、永瀨正敏、堺雅人、齊藤慶子、今井美樹、淺香唯、鬼束千尋、蛯原友里

說到宮崎縣，大部分人的腦海裡肯定都會浮現以下這兩個印象。第一是氣候溫暖，為蜜月旅行聖地。自昭和三〇年代後半起，宮崎便掀起了蜜月旅行熱潮，因為大家都覺得街道上成排的棗椰充滿熱帶風情，很有蜜月氣氛。就這樣到了昭和四十七年（一九七二），全日本有多達四分之一的新婚夫妻都去過宮崎。不過之後，觀光客開始轉往沖繩或海外，宮崎的觀光熱潮從昭和四十七年以後便逐漸走下坡。

接著第二個印象則是神話聖地。此縣的舊名「日向」是指「朝著日出的方向」之意。說到日向，每個日本人都會想到「日向的高千穗峰」，而這裡以天孫降臨[11]的神話聞名。不過自奈良、平安時代起，便有天孫降臨之地其實位於此縣的西北部，亦即現在的高千穗町，還有其實是在霧島山系等幾個不同說法並立，至今仍未有定論。但不論如何，宮崎的日本建國相關神話、傳說數量之多，都是全國唯一，別無他例，真的可稱得上是神話聖地。

此外宮崎還有約二千二百個古墳廣泛散佈各處，挖掘出了非常多的石器、土器等，其中最有名的就是西都原古墳群，東西橫跨約三公里，南北則約四公里，共有多達三百多個的古墳群集，可知為上古文化的一大中心地。

進入歷史時代[12]後，宮崎幾乎沒什麼和他藩打仗或發生動亂的記錄，到了近代，儘管曾發生多次起義暴動，但基本上還是維持著相當和平的日子。正是這樣的背景造就了其質樸溫和的縣民性，而他們似乎也具有就南方地區來說，相對少見的懦弱與不夠堅持之處。

宮崎的縣民性還有一點很值得一提，那就是相當正直誠實。在NHK放送文化研究所於一九七八年所做的全國縣民意識調查中，對「你覺得說謊騙人是無論如何都不可原諒的壞事嗎？」一問回答「是」的人數比例，宮崎排名全國第二，而對「錢這種東西，是常常會讓人墮落的髒東西」這一說法表示認同的人數比例高居全日本第一。甚至在一九九六年進行的調查中亦再度拔得頭籌。

這讓我突然想到了上杉鷹山。以山形米澤藩之明君聞名的上杉鷹山，以節儉正直為其

11 在神道教中，等級最高的天照大御神派遣其孫瓊瓊杵尊來統治日本，而其降臨地點就在高千穗峰。

12 有歷史文獻記錄以後的時代。

座右銘，而這位鷹山，也正是宮崎高鍋藩的直系子孫。

另一方面，宮崎縣民的消極態度表現在「沒原則的敷衍了事主義」上。包含人際關係在內，凡事避免衝突、力求相安無事的宮崎縣民，不太會有要贏過別人、搶在最前面的想法。之所以會顯得有些隨便、不夠堅持，也是基於這個理由。

宮崎有一首民謠叫〈芋莖木刀〉，是指把芋頭的莖曬乾後做成的木刀，可說是靠不住的宮崎男人的代名詞。雖然老實又正直，但總讓人覺得有些美中不足——這就是宮崎的縣民性。

待人溫和的好好先生

討厭現代這種競爭社會的宮崎縣民，倒是很有樂於助人的溫厚仁慈。他們相當親切，只不過自己本身往往缺乏執行力和專注力。

宮崎的縣民性在九州之中，算是少見較無偏見的類型。農村地區雖多，但卻不封閉，在前述的全國縣民意識調查（一九七八年）中，對「你是在工作與生活上都希望能積極地採納新事物的人嗎？」一問回答「是」的人數比例為全國第二。由此看來他們應該算是適應能力很好的。

最後，宮崎的縣民性或許可總結為不排外，但消極保守，同時又樂天達觀。

親切熱情的宮崎女性

比起男性，宮崎女人更受好評，而且宮崎的男人也都對宮崎女人評價很高。這是九州地區少見的男尊女卑觀念較弱的一個縣。

在這種環境下長大的宮崎女性，擁有比男性更為積極的一面。她們的情感相當直接，和她們談戀愛時，最好別耍太多心機。

男性則是極為溫和，但會有點懦弱、消極的傾向。正因為性格質樸，故很容易輕信對方，算不上是戀愛高手。

鹿兒島縣人

鹿兒島縣出身的名人：
西鄉隆盛、大久保利通、稻盛和夫、海音寺潮五郎、西鄉輝彥、Frankie堺（堺正俊）、吉田拓郎、長淵剛、坂上二郎、綾小路君麻呂、國生小百合、小西真奈美、元千歲、中島美嘉、橫峯櫻

強烈的鄉土民族主義

鹿兒島即使在九州之中，也是個相當有特色的縣。關於其縣民性亦有各式各樣的說法，不過一般都被稱作是「冥頑不靈的野蠻人」。

從歷史上看來，鹿兒島在鎌倉時代到明治維新的七百年間，一直都為島津氏一族所統治。尤其在江戶時代，甚至因不好與其他藩交流而採行鎖國政策，導致其鄉土民族主義變得非常強烈。反過來說，也就變得極為排外、封閉。

形容鹿兒島的男人時常會用「ぼっけ者」（Bokkemon）一詞，而這個詞同時具有兩個意思，分別是心性堅強且剛健質樸之人和急躁易怒之人。

鹿兒島縣的土地因火山灰而貧瘠，只種得出蕃薯及雜穀之類的作物，能種稻米的田地很少，因此自古以來一直都很窮。這點到現在還是沒什麼改變，鹿兒島的每人縣民所得是全日本倒數第三。

在必須忍受貧窮的如此環境下，造就了剛健質樸的風氣，但似乎卻也同時產生出了急躁的性格。

鹿兒島縣人的保守性格十分強烈，至今仍留有男尊女卑的社會氛圍，鄉土意識和同伴意識都很強，相當封閉。

此外還有一個特徵是具有強烈的上進心。正因為環境貧窮，所以格外嚮往中央，在中央功成名就一向是鹿兒島男人們的夢想。於是也因而殘存了一些虛張聲勢的性格。

先衝再說、一決勝負型

鹿兒島人常掛在嘴邊的一句話是「哭還是跳？想哭還不如勇敢跳！」意思是在面對難關時，與其東想西想，還不如先做了再說。這若反過來看，此即一種缺乏計畫性的性格，屬於先衝再說、一決勝負的類型。

而與此類似的還有「いっぽぎっく」（Ippogikku）的講法。「いっぽ」是指單邊，「ぎっく」

則是指橡皮筋，用兩手把橡皮筋拉開時，若只鬆開一邊，橡皮筋便會筆直地飛出去。換言之就是，雖然總是一心一意、專心致志，但卻毫無彈性，不知變通，具有一旦決定，無論如何都會固執地堅持到底的特質。

我認識的一位鹿兒島縣民曾說過這樣的話：

「我們鹿兒島的人，從小就被教導不要講什麼大道理。也就是說，理論和藉口什麼的都不會被接受，被徹底灌輸了要默默埋頭苦幹的觀念。或許就是因為這樣，鹿兒島縣人不擅言詞的很多。不過我們老實得離譜，到了緊要關頭就會堅決地勇敢面對。內向而堅強便是所謂的薩摩氣質。」

的確，鹿兒島縣人十分熱血，感覺起來就是重行動甚於理論。

過去在軍隊裡，這樣的性格似乎讓鹿兒島縣人得以充分發揮其實力。從明治初年到明治二〇年代為止，在未曾接受正規教育卻當上海軍將官或佐官的人之中，薩摩出身的人非常多。日清戰爭時日本海軍的最高將領，也幾乎清一色是薩摩人。

混熟了就會展現人情味

有個用來表示鹿兒島之封閉性的說法叫「薩摩飛腳」，這是江戶時代的用語，今日依舊被列在《廣辭苑》中。這意思是說，被派往薩摩的飛腳[13]通常都再也回不來，亦即從他國進入薩摩的人恐怕會有無法生還的可能性。

鹿兒島的封閉性就是如此有名，甚至時至今日，對其他縣的人來說仍有其難以融入之處。據說有很長一段時間，非出生於鹿兒島縣但被派往當地擔任銀行分行經理或報社分社經理的人，若不將戶籍遷至鹿兒島並出示戶籍謄本給當地人看的話，就無法取得當地人的信任。

不過一旦混熟，會發現鹿兒島縣人是很有人情味的，他們充分繼承了維新英雄西鄉隆盛所說的「敬天愛人」之道。

鹿兒島還有所謂「薩摩的大提燈」的說法。具上進心且強烈嚮往中央的鹿兒島縣人於明治維新後，爭相前往東京打拚，特別是較低等級的武士很多都去擔任警視廳的警官。而不論在哪個領域，先出人頭地的鹿兒島縣人總會在前頭打著大提燈，後頭則陸續有後輩跟

13 即信差、快遞人員。

隨，該說法指的就是這意思。

尤其他們對於薩摩之父——西鄉隆盛的崇敬之意可說是極度強烈，依據某電視台幾年前所做的調查，在鹿兒島市內，一般住家中十間有八間都在客廳掛了西鄉隆盛的照片作為裝飾。此外我自己幾年前也曾到鹿兒島市內的書店觀察，發現排在店內架上包括西鄉之傳記等所有與西鄉隆盛有關的書籍，多達十種以上。有如此多縣民打從心底一致地崇敬著同一人物的縣，除了鹿兒島外，別無其他。只不過這樣的特徵在現在的年輕世代間變得日益淡薄這點，亦是無法忽略的事實。

在ＮＨＫ放送文化研究所於一九九六年所做的全國縣民意識調查中，對「為了公共利益，個人的權利免不了會受到一些限制」這一說法表示否定的人數比例，鹿兒島縣高居全國第二。另外對「即使原本有該堅持之處，但當情況不利於己時，你通常會選擇默不作聲嗎？」、「你覺得在現在這時代，即使有實力，若沒學歷，還是很難被社會認同嗎？」、「你是在工作與生活上都希望能積極地採納新事物的人嗎？」、「你覺得與人往來時，最好是凡事都能彼此商量、互相幫助嗎？」等問題回答「否」的人數比例，鹿兒島都是全日本最高的第一名。

換言之，鹿兒島縣人非常尊重個人權利，對於該堅持的就會堅持到底，而且很強調不重學歷的實力主義，但對於採納新事物的意願較低，且基本上人際關係偏向清淡淺薄。由此看來，鹿兒島縣人的特色就變得再清楚不過了。在該調查中只有鹿兒島出現了這麼多的全國第一，可見本章開頭所說的「鹿兒島是個相當有特色的縣」真是再貼切不過。

夢想很大卻難實行

由從前述內容可大略想像得到的，鹿兒島不太會出現經濟人。雖具有如櫻島火山噴發般的熱情，但有時只是愛說大話，行動往往很虛無飄渺，由於不具縝密的計畫能力，所以總會變得講到哪裡就做到哪，毫無章法。

可是他們很頑固，一旦決定了就絕不放棄。不管別人怎麼想，只要自己心意已決，便會全力向前衝。其實就是較偏藝術家的類型。

鹿兒島縣人儘管具有嚴謹的上下關係觀念，但在職場上並不會因此就成為順從的部下，由於性格直來直往又很沒耐性，所以經常會和上司衝突。如果能開誠布公地相互溝通、理解，他們便會是最可靠的下屬，只是若碰上必須改變既定方針的情況時，又必須從頭再好好說服他一次。

鹿兒島縣人強烈的上進心，往往會直接展現為對成功的欲望，但笨拙的他們並不會為此建立好具體計畫。對於派系的勢力消長及公司內的權力關係根本都搞不太清楚，只有夢想特別大而已，因此同事多半會覺得「真不知那傢伙腦袋裡在想什麼？」但本人可是非常認真呢。

男人愛耍跩，但其實是由女人主導

鹿兒島的男尊女卑是出了名的，甚至流傳有這麼一個小故事。

有位新婚的年輕講師受聘前往鹿兒島的大學教書，由於才剛新婚，感情甜蜜蜜，所以經常陪太太購物。然而此舉讓鄰居看得很不順眼，夫妻倆結伴同行的模樣被笑稱為「兩兔同行」，兩人不僅成了街坊們嘲弄的對象，最後更因此收到來自住戶的驅逐決議，被迫搬離該公寓。

這可是個真實故事。

據說過去連晾衣服的地方、洗臉盆之類的東西都男女有別，甚至泡澡的順序也是，不論年紀多小，一律男性優先。要是女性不小心先泡了，就會立刻把水放掉，清洗浴缸，再重新注入熱水。

現在當然沒以前那麼嚴重，但據說女人依舊不會開口干涉男人的行為，只不過這似乎僅限於表面，也有人說雖然男人虛張聲勢地在那邊高談闊論天下國家，然而私底下當家作主的其實是女人。

換句話說，鹿兒島的男人若少了女人的引導，什麼事都搞不定、做不好，所以外遇一旦被發現，由女方提出離婚的案例可是相當多的。

在戀愛方面似乎也是如此。

鹿兒島的男人確實頑固，但並不是真的打從心底看不起女人。他們只是因為愛逞強，所以才擺出一副跩樣，實際上的本性意外地相當深情，只是鮮少表現出來。畢竟平常都很冷淡，就算想用行動表現，自己也會覺得不好意思。

鹿兒島的女生則是十分堅強有韌性，在替男人做面子的同時，還會妥善予以引導。「賢內助」這說法或許有些古板，不過她們就是具有這種性格。

不論男女，就結婚對象來說鹿兒島縣人都算是相當踏實可靠的。尤其男生，雖然總給人非常粗魯的印象，但性格勤勉，可保障生活安穩無虞。

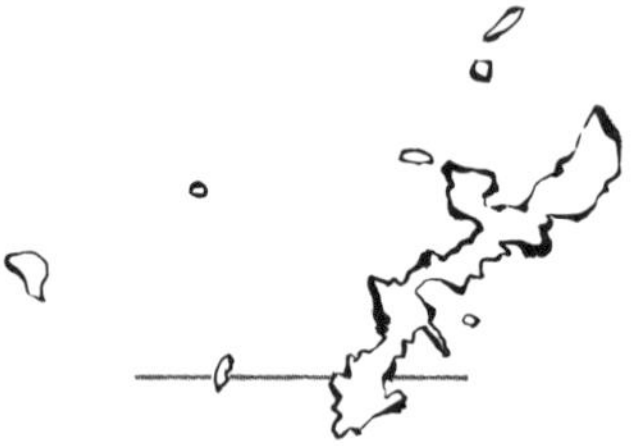

沖繩縣人

沖繩縣出身的名人：
伊波普猷、德田球一、具志堅用高、渡嘉敷勝男、宮里藍、安室奈美惠、池上永一、又吉榮喜、砂川惠永、川平慈英、新垣結衣、仲間由紀惠、山田優、Cocco、知花鞍羅、黑木梅沙

男的、女的全都溫和友善

與沖繩縣有關的各種統計記錄及問卷調查結果都呈現出個性十足的傾向，因為幾乎所有資料不是前十名就是倒數十名。日本全國的各都道府縣，往往在展現某種程度的地區性差異的同時，又與鄰近區域形成一個群體。例如九州和東北便是如此，在整個大範圍內都可看見共通特徵。但只有沖繩縣例外，它具有和任何其他地方都不一樣的明確性格，而這似乎充分表現出了沖繩在地理及歷史上的特性。

首先，沖繩雖然給人強烈的南國印象，但其縣民性卻以極為順從且消極保守為特色。尤其對異性的態度，往往非常地害羞緬靦。不過一般來說是很容易親近的。

他們的另一個極大特徵就是溫和友善，而這種溫和友善常被形容為質樸、純樸，或是有人情味，但反之也有人覺得過於正直。在NHK放送文化研究所於一九七八年所做的全國縣民意識調查中，對「你認為男人最重要的是什麼？」一問回答「溫和友善」的縣民比例，沖繩是百分之十三．三，遠高於全國平均的百分之七．一。此外在一九九六年的調查中，對「與人第一次見面會讓你覺得很沉重、有壓力嗎？」一問回答「是」的人數比例，沖繩為全日本第二高（第一名是青森），由此便可充分看出沖繩人「溫和友善、順從、消極保守」之特色。

藏在散漫背後的真相

沖繩縣人凡事散漫的評價時有所聞。的確，依據警視廳的調查，沖繩的駕照遺失數量是在全國的倒數十名內（就人口比例來說相當高），出生未報戶口及搬家未辦戶籍遷移等的案件數更是一度高居第一。此外賀年卡的寄送數量低於全國估算值的一半，具有不擅文辭、不愛寫字的一面。

沖繩縣的男人絕對算不上張揚浮誇，但也不是會存錢的穩健派，就曾有資料指出其儲蓄及存款率為全國最低。

他們散漫消極的形象便是來自這類統計數據，而所謂的「大概（テエゲエ，Teegee）主義」就是為了表達此種馬虎、不負責任所誕生之詞彙。確實，對於自己被賦予的任務，本應繃緊神經、有毅力地去達成，但這樣的堅韌態度在沖繩縣人身上可說是相當薄弱。

不過當沖繩縣人說「大概」的時候，不一定都表示負面意義，例如「テエゲエヤサ」（Teegeeyasa）、「テエゲエシッシンサ」（Teegeeshisshinsa）等說法，意思是指「大概、差不多就好了」、「這件事不用做到那麼徹底，沒關係」帶有一種關心、安慰的語氣。這是為了緩和自己及他人對於了結或完成某事時之緊繃情緒而存在的詞彙。

這其中藏著沖繩人的溫和友善。可避免人與人之間的衝突，甚至進一步產生融合與寬容態度的，正是這樣的「大概主義」。只不過實際上，從另一角度來看，容易被認知為是一種散漫、隨便就是了。

自由豁達，但亦有封閉之處

在沖繩縣人身上除了能看到不受社會、國家框架限制的自由奔放外，同時也能看到傾向於與親屬及同鄉等成群結黨的封閉性。

沖繩縣人具有全日本最強烈的縣民意識，這是因為存在著如他們常說的「大和眾對抗內那眾」之強烈意識的關係。沖繩縣人將自己所居住的鄉土、村鎮稱作「內那」，將日本其他地方都稱作「大和」，因此屬於內那的人便是「內那眾」，其他的則都是「大和眾」。

在剛剛提到的全國縣民意識調查中，對「天皇是值得尊敬的」一問表示同意的比例，沖繩於一九七八和一九九六年皆為全國最低，甚至一九七八年已經只有百分之三十五．七了，一九九六年還更降至百分之三十一．六。可見他們對大和眾的排拒心理明顯反映於此，而且在一九七八年到一九九六年的十八年間，這樣的排拒心理還不斷地增強。

內那眾具有和同為內那眾之同志彼此緊密團結的傾向，即使在異鄉也一樣，沖繩縣人的凝聚力真的非常強。

而相對於這樣的封閉性，沖繩縣民以移民身分遷居海外的人卻也非常多，十分地國際化。不過在主要移民目的地的南美洲和夏威夷等地，內那眾依舊是極為團結、緊密。居住在夏威夷的日本移民中，人數最多的就屬沖繩縣人，沖繩出身的留學生總是很快就能找到打工機會，因為內那眾會雇用他們。而南美洲也一樣，內那眾的結婚對象幾乎都是內那眾。

換言之，支撐著沖繩縣人堅定的縣民意識的，就是可從「大概主義」窺見之溫和體貼，以及身為內那眾的地緣、血緣連結。

獨特的女性文化維持了沖繩縣人的溫和友善

沖繩擁有各式各樣特殊的傳統民俗宗教，「姊妹神信仰」便是其中之一，而這與沖繩特有的女性（母性）文化密切相關。

「オナリ」（Onari）指的是姊妹。在沖繩，人們認為相對於兄弟，姊妹們擁有更強的靈力。像這種認為姊妹們具有靈力可保護兄弟們的信仰，就叫做姊妹神信仰。因此在沖繩，女性比男性更具優勢。

如此的女性文化，賦予了整個社會溫和的性格，產生出寧可互相幫助也不愛競爭的心理。換個說法也就是，形成了不明確表態拒絕與否的社會環境。

在沖繩，據說即使因企業倒閉而召開債權人會議時，大家對企業責任的嚴厲追究心態，還不如對破產者悲慘遭遇的同情意識那麼強烈。這也是與其以了結為目標對當事人窮追不捨，還不如委婉些，以免太咄咄逼人的溫和性格之展現。

還有，正如在介紹北海道時提過的，自昭和六十年（一九八五）至今，沖繩的離婚率都是全日本最高。而國立歷史民俗博物館的教授比嘉政夫指出，其原因除了沖繩男性的溫和外，就是這種姊妹神信仰了。由於男性性格溫和，因此多半都會接受女方希望離婚的想法，不會勉強對方，再加上有這姊妹神信仰，讓沖繩女性即使離了婚回娘家，也不會有太強烈的排斥感，因為她們在出嫁後，仍會在需要祭拜祖先時，回到娘家負責祭拜。

可從婚宴豪華度看出端倪的傳統意識

據說到了沖繩，最令外地人驚訝的就是他們婚禮的華麗程度。直至近年，婚宴賓客多達數百人的例子依舊不在少數。這些家庭並不特別，一般普通的家庭也都是如此。

這點當然與重視地緣、血緣的沖繩縣人傳統脫不了關係，而除此之外，沖繩還有許多其他的獨特傳統。

例如至今巫女仍發揮著重要作用便是一例。人們有煩惱時，就會去找巫女，而巫女有時還會指示說「你去看某某地方的醫生」。沖繩的巫女被稱做「ユタ」(Yuta)，現在依舊在日常生活中扮演著極重要的角色這點，可說是在其他地方都看不到的一大特色。

沖繩的人幾乎各個都會跳沖繩的傳統舞蹈。在東京，每當該縣的縣民舉辦聚會，人人都一定會自備服裝並帶來和大家一起跳舞。傳統表演藝術的保存與傳承活動如此興盛的縣，也著實少見。

不與他人競爭

前面詳述了許多沖繩的縣民性，想必各位都已掌握到其「其大致輪廓。和沖繩縣的人來往時，切勿被一些像是屬於南國所以很熱情、血氣方剛等完全相反的刻板印象給綁住了。沖繩縣人確實開朗，也有很親切、友善的一面，不過他們的本質是溫和而內向害羞的，不太喜歡與人競爭或一決高下之類。

他們誠實又質樸，雖然看起來有些散漫，但絕對不至於不負責任。不夠嚴謹與看似含糊曖昧等，往往都是寬容的另一面呢。

後記

本書是以我先前的著作《從出身縣來瞭解人的性格之書》（同文書院，一九九三）為基礎增修而成。

過去我曾寫過一本《縣民性——文化人類學的考察》（中央公論社，中公新書，一九七一），但那時「沖繩」尚未「回歸」[1]，因此書中對沖繩隻字未提。此外九州的部分礙於篇幅限制，也寫得非常簡略。針對這些部分增補、加寫而成的，便是前述由同文書院所出版的那本著作，這次則是再添加了新資料，進一步做了更大幅度的改寫。

我生長於東京下町．淺草的醫生世家，之後進入本所（現在的墨田區）錦糸町的兩國高校（當時叫東京府立第三中學校）就讀時，大部分朋友都以神田、日本橋為中心，來自本所、深川，甚至是千葉、市川等地，像我這種出身「淺草」，尤其來自淺草公園，接近所謂「吉原」[2]區域的人，是很被看不起的。接著進入舊制的都立高等學校（今日的首都大學東京）時，同學們幾乎都是東京的山手人，住在下町淺草的我真的是被看得有夠扁。正因為有此經歷，我才深切地體會到同為東京，也還有山手與下町文化之別。

接下來進了大學，又再繼續攻讀研究所，我選擇主修文化人類學。而第一次的田野調查是在青森縣津輕的農村進行，後來到岡山縣的農村做調查才知道，同樣都是日本的農村，其文化與居民的觀念、想法卻存在有很大的區域差異。

我就是在這個時期，對縣民性產生出了興趣。之後我有幸能與都立大學人文學部、明治大學政治經濟學部的學生一起調查全日本各地的農漁村，接著轉任至國立民族學博物館後，也曾以農林水產省生活改善課（後來改名為婦人生活課）事業的一環，進行了農漁村高齡長者的生活史收集工作，就這樣深入探索了四十七個都道府縣。而本書便是基於我所收集的這些資料，再加上NHK放送文化研究所於一九七八年和一九九六年做的全國縣民意識調查之結果寫成。

在此要向於資料收集方面給了我各種幫助的許多人，以及新潮文庫編輯部的庄司一郎先生表達誠摯的謝意。

二〇〇〇年九月

祖父江孝男

1 直至一九七二年美國才正式把沖繩的管理權交還給日本。

2 吉原為日本江戶時代官方許可的妓院集中地。

筑摩文庫版之後記

過去曾由新潮社之新潮ＯＨ！文庫出版的《縣民性之人類學》，在筑摩書房的盛情邀約下，有幸作為筑摩文庫版再度出版。回想起來，我最早開始進行本書所寫的這些日本村鎮相關調查，是在第二次世界大戰後不久的一九四九年七月。我在一九四九年三月從東京大學理學部人類學科畢業，接著便進入此學部的研究所。研究所的須田昭義副教授和杉浦健一講師一同申請了文部省的科學研究費，再加上泉靖一講師等人，而除了剛進人類學研究所的我之外，還有人類學科的大學部學生香原志勢等的加入，一群人在這年七月起近一個月的期間，進駐青森縣西津輕郡（現在的津輕市）的車力村進行田野調查。

雖然我並不清楚須田、杉浦兩位老師為何在日本眾多的村鎮中最先選了津輕，而且還是車力村，但總之在那個夏天，我們對車力村做了調查。對我來說，這是我和日本農村的第一次接觸經驗。在這車力村之後，我們還去了岡山縣的幾個農村做調查，這讓我親身體會到，儘管同為日本農村，它們的社會結構、生活形態及居民們的觀念、想法等，都存在有很大的地區差異。就是在這個時候，我對縣民性開始產生出了興趣。

後來，我與都立大學人文學部、明治大學政治經濟學部的學生們，一起針對日本全國各地的農漁村進行調查，而在轉任梅棹忠夫老師於一九七四年所創立之大阪國立民族學博物館的教授後，也曾以農林水產省生活改善課（後來改名為婦人生活課）事業的一環，進行了全國各地農漁村高齡長者的生活史收集工作。接著沖繩回歸日本後不久，我也去了一趟沖繩。回想起來，令我不由得再次深切感受到自己的研究調查及以之為基礎的著作，都是在許多人的大力協助下才得以完成的。

二〇一二年六月

祖父江孝男

※本書是以一九九三年七月出版之《從出身縣來瞭解人的性格之書》（同文書院）大幅增修而成的《縣民性之人類學》（新潮ＯＨ！文庫，二〇〇〇年十二月）為基礎寫成。

國家圖書館出版品預行編目 (CIP) 資料

日本縣民性學問大 : 文化人類學家的 47 都道府縣性格大調查 / 祖父江孝男著 ; 陳亦苓譯 . -- 初版 . -- 新北市 : 遠足文化 , 2018.07
面 ; 公分 . -- (浮世繪 ; 51)
譯自 : 県民性の人間学
ISBN 978-957-8630-54-3(平裝)
1. 民族性 2. 區域研究 3. 日本

535.731 107009315

日本縣民性學問大
文化人類學家的 47 都道府縣性格大調查
県民性の人間学

作者——祖父江孝男
譯者——陳亦苓
出版總監——陳蕙慧
總編輯——郭昕詠
行銷總監——李逸文
資深通路行銷——張元慧
編輯——陳柔君、徐昉驊
封面設計——汪熙陵
排版——簡單瑛設

社長——郭重興
發行人兼
出版總監——曾大福
出版者——遠足文化事業股份有限公司
地址——231 新北市新店區民權路 108-2 號 9 樓
電話——(02)2218-1417
傳真——(02)2218-0727
電郵——service@bookrep.com.tw
郵撥帳號——19504465
客服專線——0800-221-029
網址——http://www.bookrep.com.tw
法律顧問——華洋法律事務所 蘇文生律師
印製——呈靖彩藝有限公司

初版一刷 西元 2018 年 07 月
Printed in Taiwan